図解&事例で学ぶ

プレゼンの教科書

日本マイクロソフト
エバンジェリスト
西脇資哲 ＋ カデナクリエイト 著

マイナビ

はじめに

プレゼンテーション（以下、プレゼン）が注目されたのは、いつごろからでしょうか？　パワーポイント（PowerPoint）をパソコンに入れて、プレゼンを急激にし始めたのは、1990年代の後半ぐらいからでしょうか？　その当時はインターネットが大ブームとなり、パソコンの新たな使い方を広めてくれました。インターネット革命によって世界中がつながるようになり、新しいビジネスが生まれました。私自身がインターネット革命の波に乗るべく勤めていた会社を辞め、プレゼンとともに生きることを選んだのもこの時期でした。

私が社会人になったころは、製品カタログを持っていき、詳細な説明を紙で行い、見積書を提示し、値引き交渉をし、時には上司を連れていき、お客様からの受注を得たものです。いまやこのすべての過程に、プレゼンが行われるようになってきました。

プレゼン生活の中には、思い出したくもない数多くの失敗がありました。本書ではプレゼンが上手になる話をお話ししますが、それらは数々の失敗によって成り立っています。

軽い失敗談としては、プレゼンを開始しようと思ったらプロジェクターとパソコンの間の接続ケーブルが短すぎて、講演台が用意されているにも関わらず客席まで下がってプロジェクターの隣で講演したこと。プレゼンをはじめたら思いもよらぬアニメーションが再生されて、全く説明できなかったこと。これらは笑い話で済みましたが、もっと深刻な失敗談もあります。

プレゼン開始5分前に到着してカバンを開けたらパソコンが入っていないことに気づき、真っ白なプロジェクター映像のまま60分の時間と戦ったこと。プレゼン中に客席から次々と人がいなくなり、残った2人だけに延々とプレゼンをし続けたことなどは苦く逃げ出したくなる思い出です。恥ずかしかったのは、エグゼクティブ向けのプレゼンが終わった後、「その靴、もっと磨いたほうがいいよ?」が最初の質問だったこと。どれも些細なミスで、準備の足りなさ、知識の足りなさ、テクニックの足りなさから起きたことばかりです。

ほんの少し知識があれば、前もって知っていれば、防ぐことができたミスによって、大きな仕事の失敗を招くことが多々あります。それほど、現在のビジネスシーンではプレゼンが大きく関与しているのです。

現在、私は外資系大手ソフトウェア企業の役員という立場をいただくことになり、プレゼンを行う場所も数人のエグゼクティブ向けから、数千人を超える大きなイベント会場まで様々になりました。そして、そのすべての場所がいわゆる「一発もの」と言われる、次のチャンスがないシーンばかりです。つまり、そのプレゼンが成功しないとすべてが失敗になるのです。ですから、プレゼンに課せられる責任と緊張はより増してきているのも事実です。

さらには会社での仕事のほかにも、プレゼンに関する授業を大学だけではなく、中高生や小学生にまで行っています。今どきのトップクラスの中高生は、英語で巧みにプレゼンを行っています。そして世界のプレゼンコンテストで優勝を狙うために頑張っている学校もあります。そのシーンもいわゆる「一発もの」です。ステージ上に上がった瞬間に大きな興奮とともに緊張も最大化することでしょう。

どのプレゼンも「上手」であれば大きな効果をもたらし、「下手」であると自信の喪失につながり、成功体験を得ることができません。するとプレゼンが下手だからプレゼンが嫌になる、プレゼンが嫌だから下手になるという悪循環がはじまるのです。これを成功の循環に変えていく必要があります。

「プレゼンが上手ですね」と言われることは、とてつもない喜びです。そのプレゼンで伝わった内容はもちろんですが、自分自身をほめてもらっている気持ちになる最高の瞬間です。そしてそれをスキルとして、キャリアとして重ねていくことが重要です。

プレゼン能力は間違いなくキャリアアップに重要なスキルです。そのスキルを学ぶには本書のような、実践形式の「教科書」が必要なのです。

目次

第2章 プレゼンの流れ

第3章 プレゼンは準備で決まる

第5章 1つ上のスライドテクニック

第6章 プレゼン中の魅力的な話し方 147

6-01 プレゼンでの声の出し方 148
聞こえないほど小さな声では何も伝わらない

6-02 棒立ちしないで動こう 150
聞き手の集中力が落ちないように動いて視線を移動させる

6-03 プレゼンでの手の動かし方 152
今日から実践できる「手と指を使うアクション」

6-04 プレゼンの視線に注意 156
聞き手にずっと視線を向けている必要はない

6-05 話すスピードはどのくらいが適切か 158
1分間に話す目安は300文字から350文字

6-06 緊張をやわらげるテクニック 160
もっとも緊張するのは50～100人規模

6-07 自己紹介のテクニック 164
自分の名前を2回言って印象づける

6-08 最初と最後の言葉の重要性 166
良い第一声にするポイントは言いよどまないこと

6-09
最初に行うべき時間の宣言……168
忙しい聞き手のストレスをやわらげ時計を見るのを防ぐ

6-10
つかみをやってみよう……170
5分から10分で気持ちをつかむことが理想

6-11
会場の雰囲気をつかむ「さぐり」……172
聞き手の雰囲気を探るために質問を利用

6-12
プレゼン中の言葉は顧客目線で……174
販売者の目線ではなく消費者の目線で語る

6-13
事実を伝えたら意見も伝えよう……176
こちらの思惑に聞き手を誘導する

6-14
常に引用を意識し相手を引き込もう……178
断片的な情報が聞き手を動かす「有利な文脈」になる

6-15
数字をどう表現すれば伝わるのか……180
100ミリリットル？ それとも1週間分？

6-16
スライドは必ず読み上げを行おう……182
「あれ」「それ」などの指示語は禁句

6-17
絶対時間と相対時間を使おう……184
「2020年開催」と「今から4年後に開催」はどっちがピンとくる？

6-18
言葉の修飾……186
プレゼンで伝えたいことを修飾する

第7章 まとめに役立つプレゼンテクニック

第1章

プレゼンの基本と常識

1-01

プレゼンとは「相手を動かす」こと

話すことや伝えることにとどまってはいけない

▼上手に話すだけのプレゼン、美しいだけのスライドではビジネスに通用しない

プレゼンテーション（プレゼン）とは何でしょうか？　大変多くの聴講者に向かってステージ上で身振り手振りをしてカッコよくプレゼンしているシーンが思い浮かびます。ほかにも企業の新製品発表会のようなシーンを想像してみてください。スポットライトがあてられたステージ上では新製品を巧みに発表する経営者や製品担当者がいて、背景にはこれまたカッコいい映像が映し出されているでしょう。

もっと身近なプレゼンとして、健康に関するセミナーなどに参加している様子を想像してください。あるいは、健康状況について医師から説明を受けているシーンでもいいでしょう。多くの情報がちりばめられた資料を片手にその資料をさらさらと説明しているシーンが思い浮かびます。これらのシーンの多くでは、パワーポイントなどでプレゼン用のスライドを作成し、そのスライドを使用して巧みに話をしているように感じます。しかし、**プレゼンの本来の目的、最大の目的は「相手を動かす」こと**なんです。

プレゼンテーションとは「相手を動かす」こと

プレゼンとは……

- 話をすること、
  上手にしゃべること
- PowerPointで資料を作ること
- 配布した資料を説明すること

↓

- 相手にわかりやすく情報を伝えること
- 伝えた情報で「相手を動かす」こと

**プレゼンテーションの目的を
「話すこと」や「資料を作ること」にしてしまうと、
上手に話をしよう、資料をうまく作ろう、
という意識が強くなってしまう**

1-02

「相手を動かす」には何が必要か？

動かすために必要なことを問いかける

▼相手を動かすために何をしなければならないのか？

プレゼンの最大の目的が「上手に話すこと」「美しい資料を作ること」ではなく、**「相手を動かす」ことになると、何をしなければならないのか？ が大きく変わってきます**。

たとえば、どんな情報を盛り込んだら相手は動いてくれるだろうか？ とか、どんなシナリオ構成にしたら相手は動いてくれるだろうか？ といったことを考える必要があります。そして、それを達成するための資料作り、つまりパワーポイントなどのスライド作成が作業として発生するのです。そのうえでそれらの資料を使って、どのように話をするべきなのか、という流れでプレゼンは構成されるのです。

企業の新製品発表会でも、聴衆に製品を買ってもらったり、一緒に広めてもらうためにプレゼンが行われています。健康に関するカウンセリングも、健康になってもらうためにどう動いてほしいか、という目的のためのプレゼンが行われるのです。

「相手を動かす」ために必要なこと

このプレゼンテーションで
「相手を動かす」ためには？

↓

- どういう情報を盛り込むべきだろうか？
- どういうシナリオ構成にすべきだろうか？

↓

- その情報をどのようにスライドにすべきか？
- その情報をどういう話し方で伝えるべきか？

↓

- 目的を達成するための資料作り
- 資料を使って、どのように話をするべきなのか

この流れでプレゼンは構成される

1-03

相手を動かすための「レビュー」と「レポート」

レビューとレポートの中身を変えよう

▼ポイントは「相手を動かす」ことができたかどうか

プレゼンが相手を動かすことだとわかれば、変わるのが「レビュー」と「レポート」です。

レビューとは、プレゼンの準備のために何度も資料や話す内容を見直すことです。相手を動かすためにどうレビューするべきでしょうか。どんなキーワードで動いてくれるだろうか、どんなイラストに心動かされるのだろうか、といった点に注目するようになります。単純な資料作りや時間を計測するだけのレビューとは異なるのです。

そしてもう一つが、**レポートです。プレゼンが終わった後、その報告を上司やチームなどに行います**。一般的にレポートは「50分のプレゼンテーションを実施し、100名の来場者がいました。アンケート結果から満足であることがわかります」といった内容が多いのですが、これは実施報告にすぎません。目的が「相手を動かす」ことですから、「100名来場したお客様にプレゼンを行った結果、30名から注文をいただき、今回のプレゼンで伝えたメッセージは大成功でした」といった形になるのではないでしょうか？

相手を動かすための「レビュー」と「レポート」

レビュー プレゼンの準備のために、何度も資料や話す内容を見直す

どんなキーワードで
動いてくれるだろうか
どんなイラストに
心動かされるのだろうか

レポート プレゼンが終わった後、その報告を上司やチームなどに行う

✕ ＜悪いレポート例＞

「50 分のプレゼンテーションを実施し、100 名の来場者がいました。アンケート結果から満足であることがわかります」

これは実施報告にすぎない！

○ ＜良いレポート例＞

「100 名来場したお客様にプレゼンを行った結果、30 名から注文をいただき、今回のプレゼンで伝えたメッセージは大成功でした」

ポイントは「相手を動かす」ことができたかどうか

1-04

プレゼンが一般的になった理由

道具がそろい、ビジネスの進め方が変わった

▼プレゼンに使われる道具の変化

プレゼンという言葉が一般的になったのは道具がそろったことが第一に挙げられると思います。その道具とは、**「パソコン」「パワーポイント」「プロジェクター」**、いわゆるプレゼンの三種の神器ともいえるでしょう。これらが登場する前はプレゼンというよりは、発表会や勉強会、報告会、学会、講演、セミナーと呼ばれるほうが多かったことでしょう。

そして第二にビジネスの進め方の変化です。たとえば昔は営業もカタログやチラシ、見積書などを使い、巧みな営業トークによって行われていました。

しかし、**今はまずプレゼンといった時代です。セミナーを開催してお客様をご案内し、その中から興味のあるお客様に深く説明を重ねていく流れが多くなりました。**また企業間の交渉や提案もまずはプレゼンがスタートです。企業の活動報告や業績発表、新製品発表などもプレゼンです。さらには企業だけではなく学校教育の場でもプレゼン大会が行われるようになりました。

プレゼン三種の神器

ノートパソコン

持ち運ぶことを前提に設計された、二つ折りで軽量なパーソナルコンピュータのこと

パワーポイント

マイクロソフト社が Windows ほか向けに開発・販売している、代表的プレゼンテーションソフト。最新版は 2015 年に発売された「PowerPoint 2016」

プロジェクター

映像や写真、コンピュータのデータを、スクリーンなどの平面に表示する機器

プレゼンの三種の神器の登場のおかげで、プレゼンそのものが一般化した。今は軽量なパソコンを使い、いつでもどこでも持ち運べるプロジェクターで気軽にパワーポイントのスライドを投影できる

1-05

プレゼンの三要素とは？

「誰に」「何を」「どうやって」？

▼三要素をしっかりと押さえてプレゼンの準備に挑もう

プレゼンに必要な要素は3つです。それは「誰に」「何を」「どうやって」伝えるかという定義です。

「誰に」というのは言うまでもなくプレゼンをする相手です。相手が何名なのか、相手がどういう立場の人なのか、会社相手のプレゼンであれば相手の社名はもちろん、名前、役職、できればどういった興味があるのかという点まで押さえておく必要があります。

「何を」というのはプレゼンで伝えたいことそのものです。ここで重要なのは単に「何を」伝えるべきか、ということではありません。「何を伝えたら相手が動いてくれるのか？」という点の「何を」です。これは伝えたいことの決め方で解説をしたいと思います。

最後が「どうやって」です。プレゼンは必ずパワーポイントで行うとは限りません。言葉や身振り手振りだけのときもあります。ビデオカメラに向かって収録するだけのときもあります。どの方法で伝えるのか、どう伝えるのが効果的なのかを決めておくべきでしょう。

プレゼンの三要素

①「誰に」＝プレゼンをする相手

人数、立場、社名、名前、役職、興味のあることなどを押さえておく

②「何を」＝プレゼンで伝えたいことそのもの

重要なのは単に「何を」伝えるべきか、
ということではない

↓

「何を伝えたら相手が動いてくれるのか？」

という点の「何を」を意識する

③「どうやって」＝伝える手法

どの方法で伝えるのか、どう伝えるのが効果的なのかを決めておく

**三要素をしっかりと押さえて
プレゼンの準備に挑もう！**

1-06

プレゼンが決まったら最初にすること

目的を明確にし、その目的を達成する環境を整理する

▼プレゼンの準備は目的の整理から

プレゼンを行うことが決まったら、最初に行うのは「目的の整理」です。目的の整理は「誰を」「どう動かすか」ということを考えなければなりません。もう少し細かく整理をすると、プレゼンを行う相手は今、どういう状況なのか、という現状把握が必要です。

そして、その現状をどのように変化させたいのかという方向性です。その変化を起こさせるためにプレゼンが行われるのです。**「相手をどのように変化させたいのか」**が明確でないとそのあとの準備、資料作成、シナリオのすべてがぶれてしまいます。

次に、プレゼン実施に伴う環境の整理を行います。期日、開始時間、プレゼン時間、前後の流れ、パソコン、プロジェクターの確認、配布資料、アンケートなどを整理しておきましょう。これらは**プレゼンに向けたＴｏＤｏ**ともいえます。ＴｏＤｏは時間とともに決定しなければならないのでどんどん進みますが、いつまでたっても「相手をどう動かしたいのか」「相手をどのように変化させたいのか」が決まらないままのことが多いのです。

プレゼンの準備は「目的」と「環境」の整理

①目的の整理

「誰を」「どう動かすか」を明確にする

- プレゼンを行う相手は今、どういう状況なのか
- 相手をどのように変化させたいのか

②環境の整理

プレゼンに向けたToDoを決める

- ☑ 期日
- ☑ 開始時間
- ☑ プレゼン時間
- ☑ 前後の流れ
- ☑ パソコンの確認
- ☑ プロジェクターの確認
- ☑ 配布資料
- ☑ アンケート

1-07

プレゼンは目的を決めよう

どうやったら「相手が動く」のだろうか？

▼目的の「相手を動かす」をブレイクダウンしてみる

「相手を動かす」ためには、相手の気持ちを変化させることです。前述のように相手の現在の状況を理解し、現在の気持ちを、こちらが期待している気持ちに変化させる必要があります。その後に行動を起こしてもらうのです。

もう少し詳しく、そして具体的に「目的」を決めてみましょう。たとえば、新製品の説明会の場合です。目的は「新製品を買ってもらう」ということかもしれません。その場合、最終目的をブレイクダウンしていくのです。買ってもらうにはどうすればいいのでしょうか？　たとえば次のような気持ちの変化を持ってもらう必要があるでしょう。

「興味を持ってもらう」→「必要だ、欲しいと思ってもらう」→「ほかの会社の製品より良いと思ってもらう」→「新製品を買ってもらう」

このようにして**目的がしっかりブレイクダウンされていると、その目的を達成するために必要な素材やメッセージ、準備すべきスライドは何か、ということがわかってきます。**

目的のブレイクダウンの仕方

例：新製品の説明会の場合

目的：新製品を買ってもらう

「買ってもらうにはどうすればいいのか？」

↓

次のような気持ちの「変化」を持ってもらう必要がある

「興味」を持ってもらう

↓

「必要だ、欲しい」と思ってもらう

↓

「ほかの会社の製品より良い」と思ってもらう

↓

新製品を買ってもらう

目的がしっかりブレイクダウンされていると、その目的を達成するために必要な素材やメッセージ、準備すべきスライドは何か、ということがわかってくる

1-08

プレゼンの伝えたいこととテーマは別

伝えたいことは細かく決めておく

▼テーマはシンプルに、伝えたいことは細かく

プレゼンのテーマと伝えたいことを混同してはいけません。「今回のプレゼンで伝えたいことは何ですか?」と聞かれるとスライドのタイトルを言う人がいますが、それはテーマであって伝えたいことではありません。たとえば、「新製品の日本茶」を伝える場合は、「ほのかな新緑の香る日本茶のご紹介」となるかもしれません。しかしこれは伝えたいことではありません。**伝えたいことはもっと細かく決めておきましょう**。

たとえば、「日本茶」の歴史、「日本茶」の味、色、製造工程、安全性、品質、価格、キャンペーンなどです。これが伝えたいことなのです。これを相手に確実に届けることで目的が達成できるのです。伝えたいことが整理されていると、続けて伝える手段、つまり表現方法が決まります。歴史を伝えるには年表がいいとか、味や色なら試飲会がいいとか、キャンペーンならチラシイメージを入れたほうがいいとか、**伝えたいことからプレゼンの中身につなげていくと準備がしやすくなります**。

「テーマ」と「伝えたいこと」は別

目的「新製品の日本茶」に興味を持ってもらう

スライドタイトル
「ほのかな新緑の香る
日本茶のご紹介」

これは伝えたいことではない

伝えたいことはもっと細かく決める

歴史	味	色	製造工程
安全性	品質	価格	キャンペーン

伝えたいことが整理されていると
伝える手段、つまり表現方法が決まる

- 歴史を伝えるには年表がいい
- 味や色なら試飲会がいい
- キャンペーンならチラシイメージを入れた方がいい

伝えたいことからプレゼンの中身につなげていくと準備がしやすくなる

1-09 やってはいけないプレゼンとは

スライドを読み上げることを目的としてはいけない

▼相手を動かすのであって自分が動かされてはいけない

あらかじめ準備されたパワーポイントのスライドをただ単に表示して、上から順番に読み上げるだけのプレゼンはもっともやってはいけません。しっかりと練り上げられたシナリオと美しく間違いのないスライドであっても、それらは目的を達成するための道具・材料にすぎません。その道具・材料を使って本来の目的を達成しなければなりません。

パワーポイントのスライドを読み上げているだけでは自分が動かされているだけです。目的は「相手を動かす」ことです。パワーポイントのスライドを読み上げるだけではなく後述するテクニックを使って「相手を動かす」メッセージを届けなければなりません。

また、プレゼンは相手との一体感が大切です。聴いている人を置いてけぼりにせず、時には相手を巻き込みながら進行していく必要があります。**プレゼンは自分のためにあるのではなく、あくまでも相手のためにある**のです。プレゼンが終わった後、自分自身が話し終わって満足するのではなく、相手がちゃんと理解してくれたかどうかが重要です。

やってはいけないプレゼン

プレゼンの悪い例・良い例

同じ内容を上から
読んでいるだけ！

自分が動かされているだけ！

相手を動かす！

プレゼンは自分のためではなく、相手のため！

プレゼンが終わった後、自分自身が話し終わって満足するのではなく、相手がちゃんと理解してくれたかどうかが重要

1-10 プレゼンのタイトルを決めよう

自分が伝えたいことではなく相手の次の行動を入れる

▼一般的なプレゼンタイトルから脱却しよう

プレゼンにはタイトルが必要です。この人はどんなことを話すのだろうと想像できるようにするためにも、タイトルは重要な要素になります。多くの人はそのタイトルを見て「この人のプレゼンを聞いてみようかな？」となります。

プレゼンのタイトルは「○○の紹介」や「○○について」といったように、自分がこれから伝えたいテーマについて要約しているものが多く、間違いではありませんが、極めて一般的で、インパクトがありません。プレゼンの本来の目的が「相手を動かすこと」であれば、**プレゼンが終わった後の相手の行動をタイトルにしてみてはいかがでしょうか？**

例「新しい日本茶の紹介」→「今すぐ飲みたくなる日本茶はこれだ！」

例「腰痛の原因について」→「原因がわかれば腰痛も治せる」

前者が自分の伝えたいことであるのに対して、後者は相手がどうなるか、をタイトルにしています。こうすることで本来の目的を相手にも理解してもらうことができるのです。

タイトルは要約ではなく“語りかけ”

プレゼンの本来の目的は「相手を動かすこと」

✕ 例：「新しい日本茶の紹介」
例：「腰痛の原因について」

普通すぎて、心が動かされない

プレゼンが終わった後の相手の行動をタイトルにしてみる

〇 例：「今すぐ飲みたくなる日本茶はこれだ！」
例：「原因がわかれば腰痛も治せる」

**自分の伝えたいことではなく、
相手がどうなるか、をタイトルにする**

こうすることでプレゼン本来の目的を相手にも理解してもらうことができる

1-11

プレゼン資料は事前に配布すべき？

プレゼン資料があることのメリットとデメリット

▼プレゼン資料とプレゼン本体とは別物

プレゼン資料は目的を達成するための道具の一つにすぎません。そうでなければ、「資料を送っておいて」で済んでしまいます。それで相手が動いてくれれば、そんな簡単なことはありません。私の場合、**プレゼン資料は可能な限り、事前配布をしません**。事後配布を基本とし、プレゼン中は話している私を見てもらうことにこだわっています。

ただし、プレゼン資料を事前に配布するメリットがないわけではありません。たとえばプレゼンを聞いている相手に時間がなく、最初にさらっと目を通して「必要な項目だけ教えてほしい」というようなスタイルであるなら資料があらかじめあったほうがいいでしょう。ほかにも、資料に書き込むことができるのは最大のメリットです。逆に資料を事前に配布することで聞いている人は手元の資料を見てしまいます。プレゼンしている人やプロジェクターで表示されているスライドを見るのではなく、下を向いてしまい全体的に暗い雰囲気になるでしょう。プレゼンをしている人とのアイコンタクトも生まれません。

プレゼン資料は可能な限り事前に配布しない

資料は「事後配布」が基本

プレゼン中は登壇者に注目してもらう

プレゼン資料を事前に配布する＜メリット＞

- プレゼンを聞いている相手に時間がなく、最初にさらっと目を通して「必要な項目だけ教えてほしい」という場合にはあらかじめあったほうがいい
- 資料に書き込むことができるのが最大のメリット

プレゼン資料を事前に配布する＜デメリット＞

- 聞いている人は手元の資料を見てしまう
プレゼンをしている人やプロジェクターで表示されているスライドを見るのではなく、下を向いてしまい全体的に暗い雰囲気になる
- プレゼンをしている人とのアイコンタクトが生まれない

これでは、
相手を動かせない！

1-12

プレゼン資料の位置づけ

実は少し足りないくらいがちょうどよい

▼手元の資料はプレゼンを補うもの

手元に配布するプレゼン資料は必ずしもプロジェクターで投影しているものと同じである必要はありません。まったく同じであれば、それこそ事前配布をすればよくなります。日本の商習慣上、資料があるほうが望ましいという意見を聞きますが、前述のようにメリットもあればデメリットもあります。**プレゼンを効果的に行うには、手元の資料はプレゼンを補うような位置づけであることが望ましい**でしょう。

プレゼンを補うとはどういうことかというと、プレゼン中に足りない情報を詳しく手元の資料で解説している印刷物という位置づけもあるでしょう。

逆に教育現場や研修などでは、手元の資料に記述が少なく、時には空白が準備されていて、プレゼンを進めていくなかで記入してもらうことで、理解を深めるというテクニックもあります。

手元の資料はプレゼンを補う位置づけが望ましい

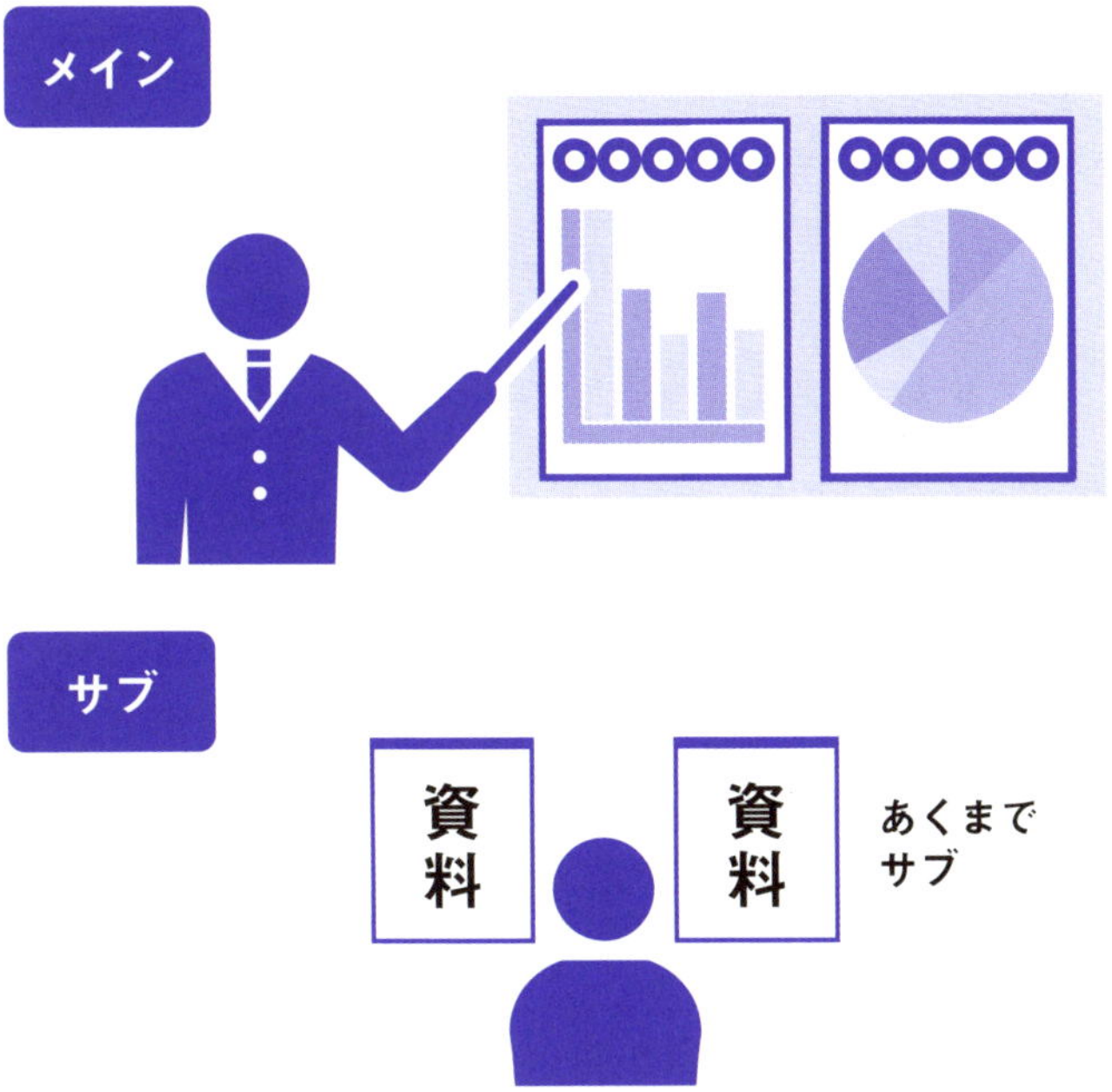

- プレゼンで足りない情報を詳しく解説している印刷物
- 空白を準備して、プレゼンを進めていくなかで記入してもらうことで理解を深める

配布するプレゼン資料は、
「プロジェクターで投影しているものと同じである必要はない」
「プレゼン中に足りない情報を詳しく手元の資料で解説している印刷物という位置づけ」

1-13 印刷に不向きなプレゼン資料とは

画面と印刷の差に注意が必要

▼アニメーションとカラーは注意

パワーポイントのスライドで注意したいのは「アニメーション」と「カラー」です。**アニメーションが含まれているパワーポイントのスライドを印刷した場合、アニメーションの最後の結果が印刷されてしまいます**。つまりアニメーションそのものに意味がないのです。どうしてもアニメーションを伝えたい場合は、途中の変化がわかるスライドを準備し、ページを分けて印刷するなどしなければなりません。

カラーも重要です。最近でこそ、カラープリンターの普及によって**配布資料もカラー化が進んでいますが、コストの面からも白黒になることがあります**。パワーポイントでは白黒になった場合でも比較的見やすいような色のバランスで印刷されますが、おすすめは「グレースケール」による印刷です。カラーにしたときの色の濃さに従ってグレーの階調をつかって印刷されるようになります。

資料の印刷で考慮すべき点

アニメーション

モニターに映るもの

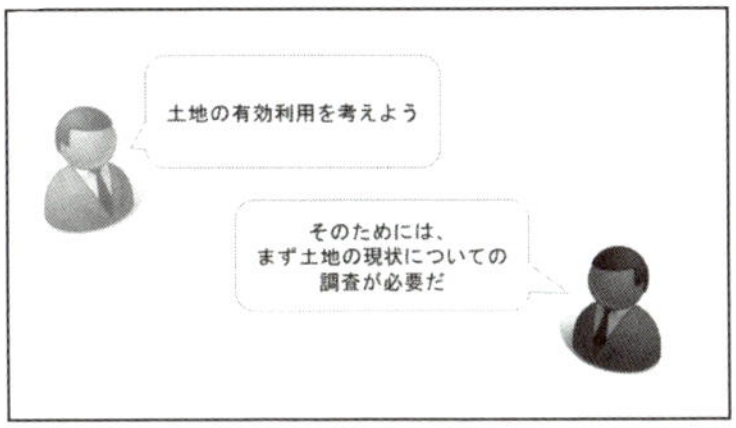

印刷されたもの

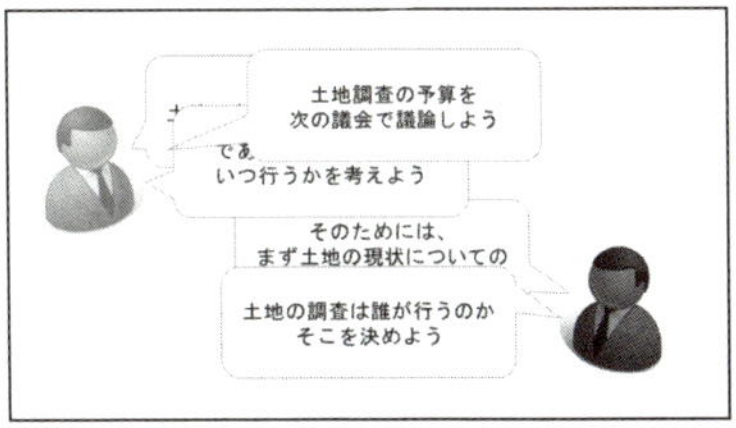

アニメーションが含まれているパワーポイントのスライドを印刷した場合、アニメーションの最後の結果が印刷されてしまう

カラー

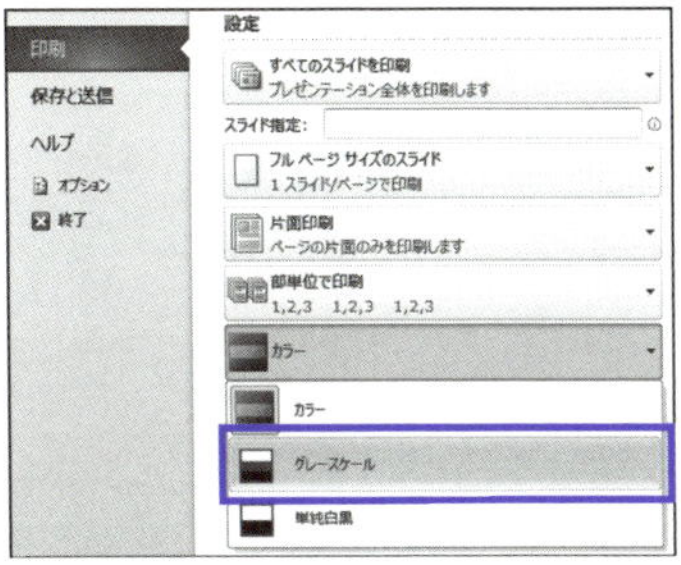

パワーポイントで白黒になった場合でも比較的見やすい色のバランスで印刷されるが、おすすめは「グレースケール」による印刷。カラーにしたときの色の濃さに従ってグレーの階調を使って印刷されるようになる

1-14 プレゼンに必要な材料を集めよう

目的を達成するためには何が必要なのだろう

▼材料をそろえるときは「目的を達成するために」を考える

プレゼンに必要な材料としてスライドとそのスライドに表現する内容が必要です。しかし前述のように必ずしもプレゼンはパワーポイントのスライドに頼るばかりではありません。たとえば、実物をもってプレゼンする場合もあります。IT業界ではパソコンを使ってデモンストレーションをすることもあるでしょう。

こういった材料をそろえる際は**「目的を達成するために」どういったものがもっとも効果的に相手に伝わるかを検討しましょう**。

〈例〉

- 文字、数字、記号、箇条書き、文章
- 表、グラフ
- 写真や図版
- 動画や音声
- 第三者の意見や情報の引用
- 実物、画面を使ったデモンストレーション

プレゼンに必要な材料の集め方

プレゼンに必要な材料

- スライド
- スライドに表現する内容
  - ・プレゼン＝パワーポイントのスライドではない
  - ・実物をもってプレゼンする場合もある
  - ・IT 業界ではパソコンを使ってデモンストレーションをすることも

材料をそろえるためには「目的を達成するために」どういったものがもっとも効果的に相手に伝わるかを検討しよう

〈例〉

- 文字、数字、記号、箇条書き、文章
- 表、グラフ
- 写真や図版
- 動画や音声
- 第三者の意見や情報の引用
- 実物、画面を使ったデモンストレーション

1-15 プレゼンに必要な機材とは？

パソコンを使ったプレゼンの必需品

▼パワーポイントのスライドを美しく投影するために

現在、プレゼンスタイルの多くがパソコンとパワーポイントを使用したものです。よって、プレゼンの三種の神器と呼ばれる「パソコン」「パワーポイント」「プロジェクター」が必要です。注意したいのはパソコンとプロジェクターの接続です。一昔前まではアナログＲＧＢという形状のものによる接続が一般的でしたが、現在のノートパソコンはmini DisplayPortと呼ばれるものやＨＤＭＩと呼ばれる形状のものに変わりつつあります。この**プロジェクターとの接続ケーブルの種類は事前に確認をしておいたほうがよい**でしょう。

さらに解像度にも注意が必要です。パワーポイントの最新版では、画面の縦横比が従来の４：３ではなく、16：９と呼ばれるワイド表示が標準になっています。パソコンの解像度も昔は１０２４×７６８が一般的でしたが、最近はより高解像度の表示ができており、プロジェクター側が追いついていないケースが見受けられます。重要なプレゼンの場合は、互いの解像度のチェックをしておいたほうがよいでしょう。

プレゼンの三種の神器の注意点

プレゼンの三種の神器

パソコン　パワーポイント　プロジェクター

①パソコンとプロジェクターの接続に注意が必要

- 一昔前まではアナログ RGB 接続が一般的
- 現在のノートパソコン＝mini Display Port、HDMI など

★プロジェクターとの接続ケーブルの種類は事前に確認をしておいたほうがよい

②「解像度」にも注意が必要

- パワーポイントの最新版では、画面の縦横比が従来の 4:3 ではなく、16：9 と呼ばれるワイド表示が標準になっている
- パソコンの解像度も昔は 1024×768 が一般的だったが、最近はより高解像度の表示が可能で、プロジェクター側が追いついていないケースが見受けられる。重要なプレゼンの場合は、互いの解像度のチェックをしておいたほうがよい

コラム

指先のジョブズ、笑顔のゲイツ

プレゼンに慣れてきたら、プレゼンの達人たちの動きも、ほんのちょっとでいいので、ぜひマネしてみましょう。

プレゼンの達人といえば、まず思い浮かぶのはスティーブ・ジョブズでしょう。彼は、しゃべるのが上手なのはもちろんですが、指先を使って商品をきれいに見せることも得意でした。たとえばiPhoneでも、つかむのではなく、右の人さし指と左の人さし指でちょこんとはさむ。そうすることによって、より洗練されたデザインに見えてきます。

ジョブズのライバル、ビル・ゲイツは、笑顔のプレゼンで有名です。とにかく、いつもニコニコしています。彼が若いときは投資家からお金を集めるのに必死でした。少しでも感じよく見せるために、笑顔でプレゼンをするスタイルを確立したのではないでしょうか。

達人たちは、話術のほかにも様々な技術を駆使しています。無理なくできそうな技を見つけたら、ぜひ、自分のプレゼンに取り入れてみましょう。プレゼンに個性がでてくるはずです。

第２章

プレゼンの流れ

2-01

プレゼンに起承転結は必要か？

起承転結の重要性は認識しつつも

▼一般論としての起承転結

小説や映画、舞台などあらゆるシーンで基本となっているシナリオ展開が「起承転結」です。物語を展開するうえで大変基本的な手法と言えるでしょう。だからといってプレゼンのシナリオも起承転結であるほうがよいのかというとそうではありません。起承転結が重要であることは認識しつつも、それは一般論にすぎません。この起承転結では、

起：方向性や全体像の簡単な紹介
承：起で伝えたことをもう少し掘り下げて紹介し、転につなげる
転：話に変化や意外性をもたらす
結：話の締めくくりや結論

となります。小説や映画のストーリー展開としてはわくわくするような起承転結は必要かもしれませんが、**ビジネスではわくわくする展開よりも「相手を動かす」ための展開のほうが重要**です。そして、短い時間でも結論が理解できて納得できなければなりません。

シナリオ展開の基本「起承転結」

起承転結

物語を展開するうえでもっとも基本的な手法

起
方向性や全体像の簡単な紹介

承
起で伝えたことをもう少し掘り下げ、転につなげる

転
話に変化や意外性をもたらす

結
話の締めくくりや結論

小説や映画のストーリー展開としてはわくわくするような起承転結は必要だが、ビジネスではわくわくする展開よりも「相手を動かす」ための展開のほうが重要

- 結 → 起 → 承（詳）
  - 先に結論を伝え、その理由を続いて説明する
  - 結論の詳細説明を最後に加える
- 結 → 承（詳）→ 起
  - 先に結論を伝え、その詳細を続けて伝える
  - 背景について後半で解説をする
- 結 → 結 → 結 → …
  - ひたすら結論だけを淡々と伝える

プレゼンのシナリオも起承転結が絶対条件ではない。起承転結が重要であることは認識しつつも、短い時間でも結論が理解できて納得できなければならない

2-02

実はシナリオなんて考えていない？

実際の業務で行われているシナリオ

▼日々のプレゼンはシナリオなんて考えていない

ビジネスシーンにおいて日々プレゼンをこなしている人ほど、意外とシナリオなんて考えていないのかもしれません。その理由は明確で、プレゼンで使用するスライドは使いまわしが多いからです。前回使用したもの、チームで所有しているもの、ほかの部門から提供を受けたものなど。こういったスライドを寄せ集めてひとつのプレゼンに仕立て上げているのが現実です。しかも、その際に前述のような起承転結を意識しているでしょうか？

しかし、それらの寄せ集めたスライドをただ並べればよいというものではありません。そこで、前述した「相手を動かす」ために伝えたいことの整理が役立つのです。**プレゼンで相手を動かすために伝えたいことが記述されているスライドをピックアップし、それぞれを優先順位の高い順番に並べることで基本的なスライドの流れはできてしまう**のです。

そして、その前後に「前置き」や「まとめ」を組み込むのが一般的でしょう。

シナリオの作り方

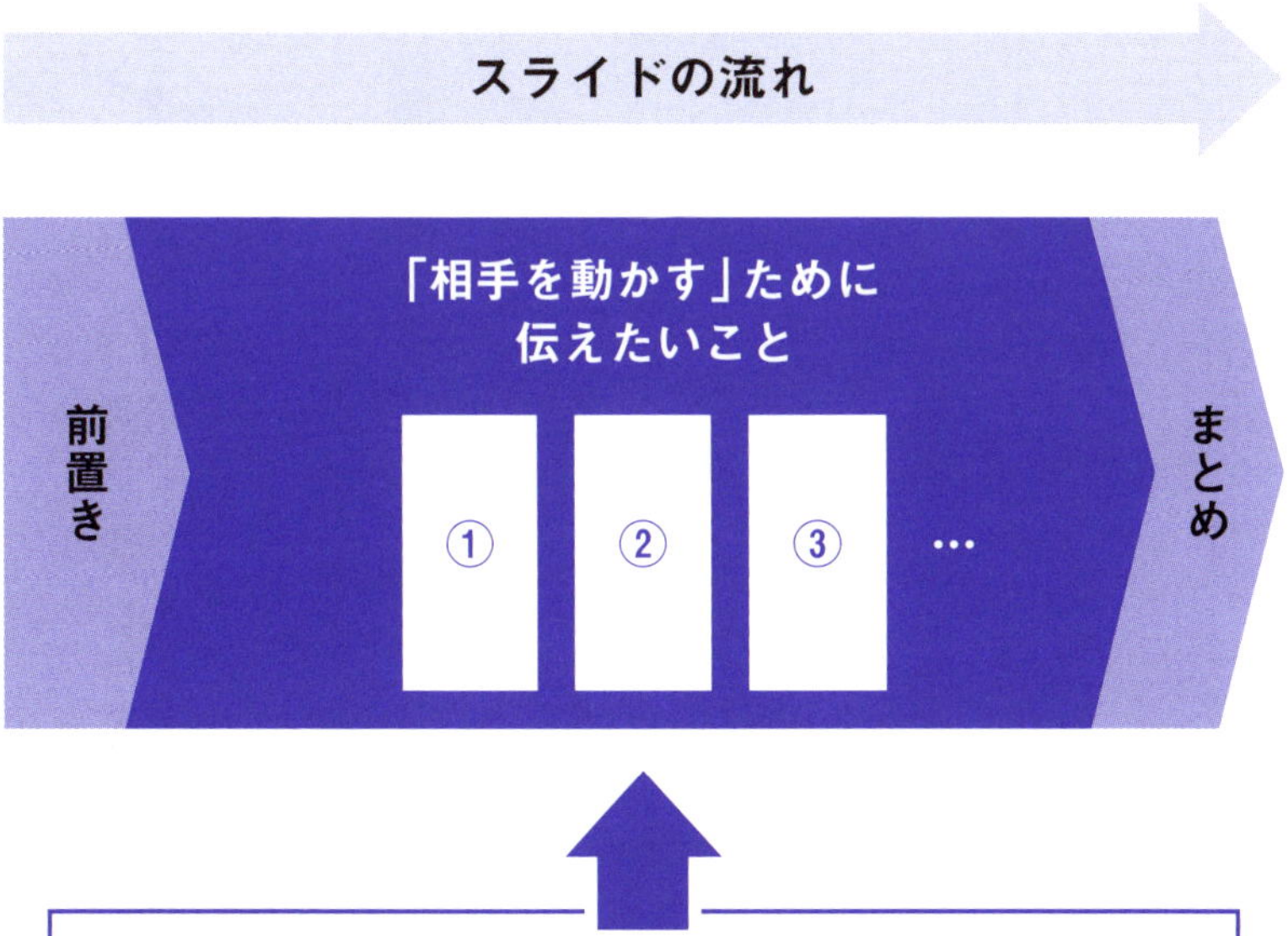

相手を動かすために伝えたいことが記述されているスライドをピックアップし、優先順に並べるだけで、基本的なスライドの流れはできる

実際のビジネスシーンではプレゼン終了後に、相手がシナリオに感心することは少ない。それより「納得できたかどうか」「共感できたかどうか」が重要。そのためには「伝わりやすいスライド」と、「説得力のある話し方」との相乗効果が必要

2-03

プレゼンの黄金比は「3：7」

本題は全体の7割にとどめよう

▼3：7は合意形成（3）と本題（7）

シナリオ展開よりも重要な時間の使い方があります。それは、3：7という時間配分です。プレゼンの時間のうち、本題は7割にとどめるという時間の使い方です。

相手が話を聞いてくれる姿勢を持っていたとしても、時間のすべてを自己主張のために使うのでは相手も飽きてしまいます。極端な結果、「自慢話を聞かされた」「売り込まれた」とも思われかねません。**足りないのは本題にかかわる部分ではなく、その本題に入る前の「合意形成」**なのです。合意形成とは、本題の前にプレゼンする側とプレゼンを聞く側との意見の一致を作り上げる時間です。この時間に全体の3割を使用してもかまいません。

プレゼン中に飽きられることなく最後まで聞いてほしいと相手に期待したいものです。その期待通りに進めるために、いくつかの「なぜ」を解決する必要があります。「なぜこの話を聞かなければならないのか」「なぜこの話が重要なのか」「なぜ私から聞かなければならないのか」「なぜあなたが聞かなければならないのか」といった要素です。

プレゼン黄金比3:7の法則

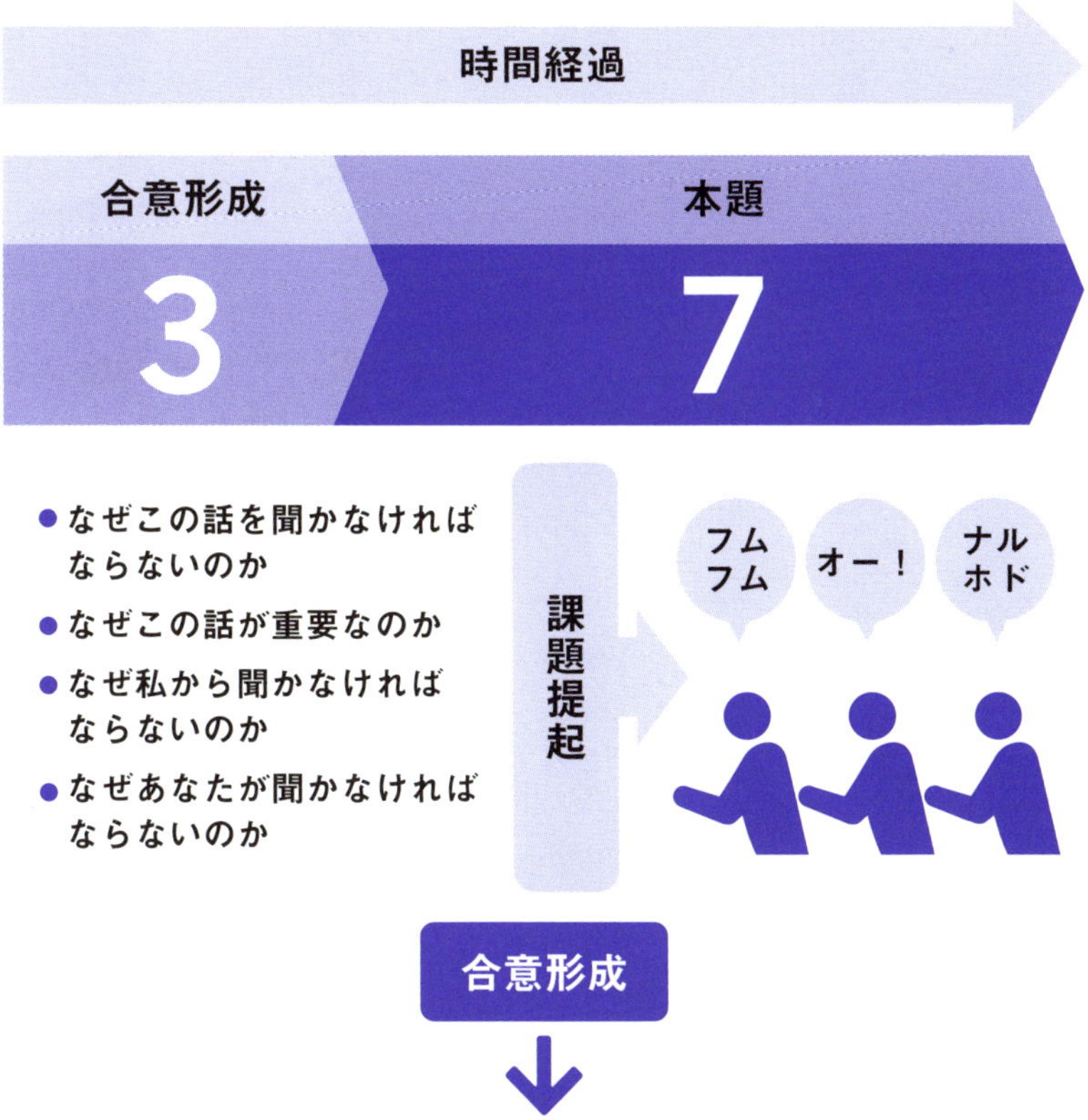
時間経過
合意形成
本題
3
7
なぜこの話を聞かなければならないのか
なぜこの話が重要なのか
なぜ私から聞かなければならないのか
なぜあなたが聞かなければならないのか
課題提起
フムフム
オー！
ナルホド
合意形成

本題の前にプレゼンする側とプレゼンを聞く側との意見の一致を作り上げる時間のこと。この時間に全体の３割を使用する

2-04

3割の合意形成が聞く気にさせる

プレゼンの冒頭で4つの合意形成を設けよう

▼4つのなぜを解決する合意形成

冒頭の時間3割を使って次の4つのことがさりげなく伝わるとプレゼンの進行は大変楽になり、相手を聞く気にさせることができます。

①なぜこの話を聞かなければならないのか

たとえば、この話が今旬であるとか、話題になっていることであるとか、ぜひ聞いてほしいというメッセージを込めて、プレゼンの冒頭に語ってください。

②なぜこの話が重要なのか

ほかのどんな話でもなく、この話が今とても重要であることを語ってください。たとえば、「今、この話を聞かないと絶対に後悔します」といった語りは定番です。

4つのなぜを解決する合意形成①

4つの合意形成

冒頭の時間3割を使って次のことがさりげなく伝わるとプレゼンの進行は大変楽になり、相手を聞く気にさせることができる

① なぜこの話を聞かなければならないのか

たとえば「この話が今旬である」とか、「話題になっていることである」とか、ぜひ聞いてほしいというメッセージを込めて冒頭に語る

② なぜこの話が重要なのか

ほかのどんな話でもなくこの話が今とても重要であることを語る。たとえば、「今この話を聞かないと絶対に後悔します」といった語りは定番

③なぜ私から聞かなければならないのか

これはプレゼンをする自分とプレゼンのテーマとの関係性です。誰でもいいからこのプレゼンを伝えているのではなく「私でなければだめなのだ」という理由を込めて語るとよいでしょう。たとえば「私は長年このテーマについてこだわってきた自信がありますから聞いてください」といったものでもいいです。

④なぜあなたが聞かなければならないのか

これはプレゼンを聞く相手があなたでなければならないという理由付けです。ほかの誰でもなくあなたに聞いてもらいたいという理由です。たとえば、「本件にもっとも詳しいあなたに聞いていただきたい話なのです、ぜひ聞いてください」といった話し方になります。

こういった4つのなぜを冒頭の3割の時間で構成されていることで、残りの7割のしっかりと聞いてくれる合意形成ができるのです。プレゼンの上手い人は基本的にこの行為が冒頭で自然にできているといえます。

もちろん、わざわざ冒頭で語らなくてもあらかじめ聞く姿勢ができているシーンもあるかもしれません。しかし、それでもなおこれらの合意形成は繰り返したほうがいいと思います。

4つのなぜを解決する合意形成②

③なぜ私から聞かなければならないのか

これはプレゼンをする自分とプレゼンのテーマとの関係性。誰でもいいからこのプレゼンを伝えているのではなく、私でなければだめなのだという理由を込めて語るとよい。たとえば「私は長年このテーマについてこだわってきた自信がありますから聞いてください」といったものでもいい

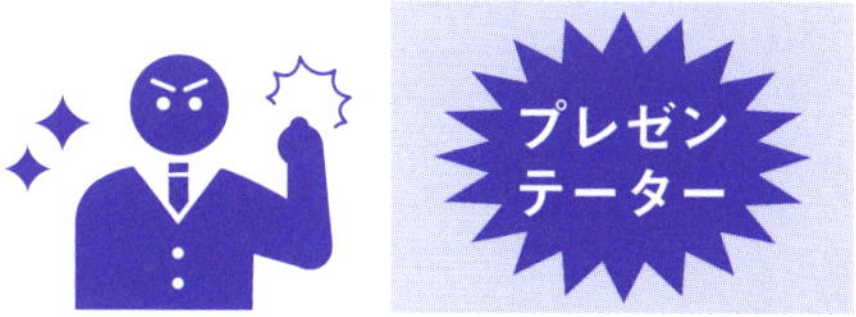

④なぜあなたが聞かなければならないのか

これはプレゼンを聞く相手があなたでなければならないという理由付けで、ほかの誰でもなくあなたに聞いてもらいたいという理由。たとえば、「本件にもっとも詳しいあなたに聞いていただきたい話なのです、ぜひ聞いてください」といった話し方など

4つの「なぜ」が冒頭の3割の時間で構成されることで、残りの7割をしっかりと聞いてくれる合意形成ができる

2-05

「必要性（デマンド）」を植え付けよう

プレゼンでは同感・共感し「欲しい」と思ってもらう

▼最終的には「欲しい」と思ってもらう気持ちを植え付ける

プレゼンは相手に自分の考えや意見を伝え、その結果動いてもらうことが目的だとすると、商品の紹介プレゼンでは、**「その商品がよくわかった」→「確かにその商品は必要だ」→「その商品が欲しくなった」**という気持ちの変化が生まれていなければなりません。このような気持ちを**必要性＝デマンド**といいます。デマンドを相手に植え付けるには次のような展開が望ましいとされているのです。

「ホラーストーリー」→「希少性」→「魅力」

このうち最後の「魅力」というのが商品の機能であったり優位性だったりするのです。多くの場合はまずはこの**「魅力」だけを伝えようと一所懸命になりがちですが、実は前半に展開される「ホラーストーリー」がデマンドを植え付けるためには重要**なのです。それでは、次の項目でホラーストーリーについて解説します。

デマンド（必要性）とは

デマンド

「その商品がよくわかった」

↓

「確かにその商品は必要だ」

↓

「その商品が欲しくなった」

デマンド＝「欲しい、必要だ」と思う気持ち

デマンドを生み出すプレゼン

「ホラーストーリー」（62 ページ参照）

↓

「希少性」（66 ページ参照）

↓

「魅力」

「魅力」というのが商品の機能であったり優位性だったりする。多くの場合はまずはこの「魅力」だけを伝えようと一所懸命になりがちだが、実は前半に展開される「ホラーストーリー」がデマンドを植え付けるためには重要

2-06

「ホラーストーリー」で考えよう

サクセスストーリーより効果があるホラーストーリー

▼サクセスストーリーとホラーストーリーの決定的な違い

プレゼンで物ごとを語るうえでのストーリー展開には2種類があります。ひとつは「サクセスストーリー」、そしてもうひとつが前述のデマンドを植え付ける効果が期待される「ホラーストーリー」です。一般的なプレゼンでよく行われるのがサクセスストーリーです。

洗浄剤のプレゼンを例にとると、

「洗浄剤を使用した結果、トイレがきれいになり、香りがよくなり、次に使う人が気持ちよくなる、だからこの洗浄剤がいいですよ」

これがサクセスストーリーです。洗浄剤を使った成功体験がいくつか語られています。一見するとこのサクセスストーリーは効果的な気がします。しかし、この**サクセスストーリーの欠点は、「誰もが知っている」ことと「共感が少ない」という点なのです。**洗浄剤を使ったらきれいになるのは誰でも知っているのです。実は**重要なのはこのプレゼンで何を解決するのかという提案**なのです。相手は何かを解決するために行動をとるのです。

プレゼンで語るうえでの2種類のストーリー

「サクセスストーリー」とは

- サクセスストーリー

提案の魅力を認識させてデマンドをつくる

例：
「洗浄剤を使用した結果、トイレがきれいになり、香りがよくなり、次に使う人が気持ちよくなる、だからこの洗浄剤がいいですよ」

洗浄剤を使った成功体験がいくつか語られている

- サクセスストーリーの欠点

①誰もが知っている
②共感が少ない
「洗浄剤を使ったらきれいになる」のは誰でも知っている

重要なのはプレゼンで「何を解決する」のかという提案

↓

相手は「何かを解決する」ために行動をとる！

▼ホラーストーリーこそが共感を得る

その解決するべき課題を共有し、解決策を提示する方法がホラーストーリーなのです。

たとえば次のようなホラーストーリーを考えてみましょう。

「トイレはいつも清潔にしたいものです。汚れが気になり、香りも気になる空間です。この空間が汚れていると気持ちも悪くなり、急な来客の際にも困ります。常に美しくしていなければなりませんが、それは大変面倒です」「それをすべて解決するのがこの洗浄剤です」

ホラーストーリーは「なぜ必要なのか?」を伝えることです。あれこれ商品の機能を説明する前に「なぜ必要なのか」をストーリーとして展開するのです。ちなみに、ホラーストーリーと呼ばれるのは「最悪の状況を招くとこんな感じ」ということから来ています。

たとえば金融商品の提案では、「このままでは老後の生活資金に貧窮し楽しい時間を過ごすことができません」となるかもしれません。そして解決策が「だから今お勧めするのがこの金融商品なのです」と提示できるのです。

プレゼンで必要とされているのは解決策だけではありません。「なぜその解決策が必要なのか?」が相手に共感されていないといけないのです。

このホラーストーリーによる展開手法は、テレビショッピングでおなじみです。健康食品やダイエット食品などもそうです。家電商品もこういった手法で相手に行動させるのです。成功体験の共有よりも失敗しないための解決策を必要としているのです。

「ホラーストーリー」とは

ホラーストーリー

- 何らかのリスクを認識させてデマンドをつくる
  あれこれ商品の機能を説明する前に「なぜ必要なのか」をストーリーとして展開する

例① **掃除商品の提案**

「トイレはいつも清潔にしたいものです。汚れが気になり、香りも気になる空間です。この空間が汚れていると気持ちも悪くなり、急な来客の際にも困ります。常に美しくしていなければなりませんが、それは大変面倒です」

↓

「それをすべて解決するのがこの洗浄剤です」

例② **金融商品の提案**

「このままでは老後の生活資金に貧窮し、楽しい時間を過ごすことができません」

↓

「だから今お勧めするのがこの金融商品です」

参考：ホラーストーリーによる展開手法を利用している商品・サービス

- テレビショッピング
- 健康食品
- ダイエット食品
- 家電商品

**聴衆は、成功体験の共有よりも、
失敗しないための解決策を必要としている**

2-07

相手を引き付ける「希少性」

5つの希少性を巧みに伝える

▼ホラーストーリーに続いて希少性を展開する

ホラーストーリーを展開し、なぜ必要なのかという課題の共感と解決策の提示ができたら、立て続けに展開するのが「希少性」です。

希少性とは、テレビショッピングでおなじみの「先着3万名様です」や「2時間以内にお電話ください」という展開です。もちろん、テレビショッピングのような語りは必要ありませんが、流れとして展開してきた課題解決策を早く取り入れて行動に移してもらうために重要です。

希少性には、次の5つの種類が存在します。

①時期の希少性　②数の希少性　③立場の希少性　④優位の希少性　⑤回数の希少性

それぞれテーマや伝えたい内容に合わせて上手に選んで展開してみましょう。

5つの希少性

希少性の種類	例
時期	「あと1カ月のキャンペーンとなりますのでお急ぎください」 「このあとすぐご連絡いただければ、今週中に商品をお届けすることができます」
数	「残り200セットが提供可能ですので、お急ぎください」 「本では限定100社様のみに展開している数少ないご提案です」
立場	「この会場にいる方々だけに特別にご紹介する情報ですから内緒ですよ」 「私からの特別なオファーです」
優位	「この機能は他の製品ではまず搭載されていません」 「この商品は業界平均の2倍の性能を誇っています」
回数	「普段はあまりここまで突っ込んでお話をしないのですが、今日は特別にお伝えしますね」 「今回のご提案は日本で最初で、御社のためにお持ちしました」

希少性には5つの種類が存在する。それぞれテーマや伝えたい内容に合わせて上手に選んで展開しよう

2-08

プレゼンは大きい話から小さい話へ

いきなり細かな話をしないで、共通の話題から

▼共通項が多い話、つまり大きい話を優先する

自分が伝えたいことをいろいろ話したくなるのはわかりますが、**順序として守りたいのは大きい話から小さい話への展開**です。つまり細かな話は後回しにするということです。言い換えると、多くの相手に関係があり関心があり共通項が多い話題を先にし、そのあと細かな話を展開する方法です。

これは自己紹介にも使えます。最初にいきなり自分の話をするのではなく、自分の所属している会社や業界の話をしたほうがいいでしょう。商品の話であれば、その商品の細かな機能は後半にして、大まかな市場の話、市場での位置づけの話などを最初にすべきです。

提案のプレゼンであれば、提案の概要や骨子と呼ばれるものを最初に行い、その後細かな話を並べるといった順番です。提案のプレゼンでは比較的できているかもしれませんが、自己紹介や商品の紹介ではどうしても自分の得意な部分を前半に紹介しがちです。しかしそれは多くの相手にとって興味のある話である保証はないのです。

プレゼンは大きい話から小さい話へ

時間経過

大きい話 → 小さい話

「商品の場合、その商品の細かな機能は後半にして、大まかな市場の話、市場での位置づけの話を先にする」

最初に細かな話を展開し始めると、「その話は自分には関係ない」と思われた瞬間からその後の話にも耳を傾けてくれない。細かな話になればなるほど、「これは自分には関係ないな」と思われる可能性がある

↓

最初に大きな話を展開しておくと最初の段階で理解と共感が進み、次第にこちらのペースに引き込むことができる

2-09

順序には必ず理由がある

焦って基本をおろそかにすると成長できない

▼順序に規則はないが理由は必要

大きい話から小さい話という話の順番のほかにも、順序については注意が必要です。たとえば、スライド中の箇条書きです。**何気なく記述されたスライド中の箇条書きにも必ず理由をつけてください**。規則があるわけではありません、理由が必要なのです。

たとえば、商品の機能一覧の紹介であれば、なぜその順番で機能が並んでいるのかという理由です。事例企業一覧の紹介であれば、なぜその順番で企業が並んでいるのかという理由です。商品の原材料一覧の紹介であれば、なぜその順番なのかという理由です。

たとえば、一般的に商品ラベルに記述されている原材料の一覧は成分の多い順番です。こういった理由が必要なのです。それらは重要な順番なのかもしれませんし、自分の好きな順番なのかもしれません。伝えたい気持ちの順番かもしれません。「これは何の順番ですか？」と聞かれたときに即答できるくらい順番には気を使いましょう。もちろん「この順番には意味がない」というのも立派な理由です。

箇条書きには理由が必要

何気なく記述されたスライド中の箇条書きにも必ず理由をつける

商品の機能一覧の紹介
- ――――――――
- ――――――――
- ――――――――

なぜその順番で機能が
並んでいるのか
例「重要だと思われる順」

事例企業一覧の紹介
- ――――――――
- ――――――――
- ――――――――

なぜその順番で企業が
並んでいるのか
例「会社規模の大きい順」

商品の原材料一覧の紹介
- ――――――――
- ――――――――
- ――――――――

なぜその順番で原材料が
並んでいるのか
例「成分の多い順番」

「これは何の順番ですか？」と聞かれたときに即答できるくらい順番には気を使おう

2-10 主張の一貫性を維持しよう

途中で違う話題に触れたとしても主張は曲げない

▼プレゼン全体で一貫性を保つ

プレゼンの中で様々なことを伝えようとするあまり、違う話題に触れたり寄り道するような展開があるかもしれません。それらがあったとしても一貫性を維持するようにしてください。

主張の一貫性とは、**最初に主張したことはプレゼン中にずっと曲げない**ということです。たとえば、プレゼンの冒頭で「健康に良い」という話をしはじめたら、ずっと最後まで「健康に良い」というのは曲げてはいけません。また、プレゼンの冒頭で「果物が好きだ」と話をしはじめたら、ずっと最後まで「果物が好き」で通してください。途中で「とは言っても嫌いな果物がありますが」という展開は本質的には必要ありません。

このために、**相手に何を貫きたいか、譲ることができないか、ということを整理しておく必要があります**。これがプレゼンの途中でゆらぐと信頼性をそこない、伝えたいことが正しく伝わらないのです。

プレゼン全体で一貫性を保つ

最初に主張したことはプレゼン中にずっと曲げない

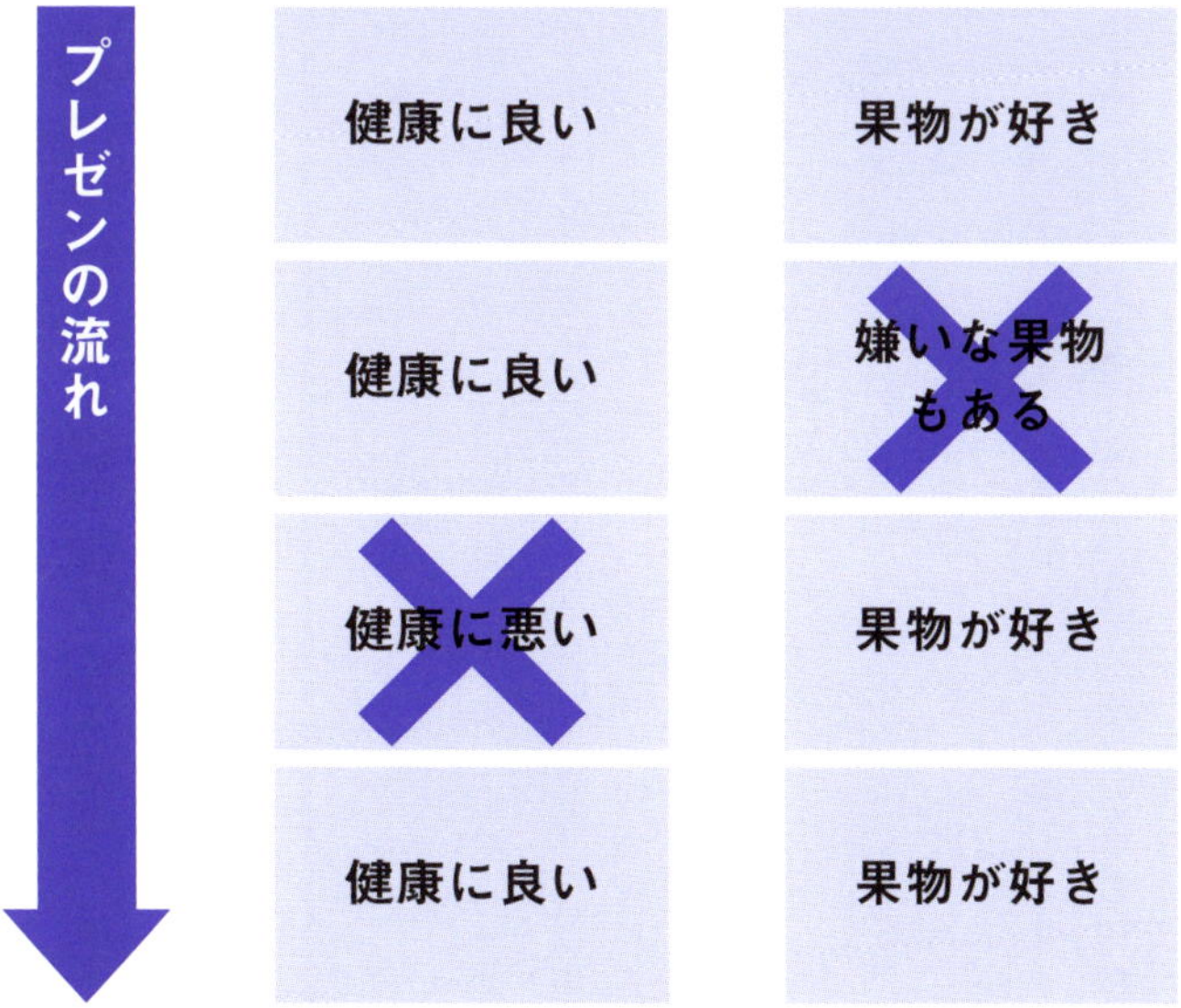

相手に何を貫きたいか、譲ることができないか、ということを整理しておく必要がある

↓

プレゼンの途中でゆらぐと信頼性をそこない、伝えたいことが正しく伝わらない

2-11

まとめは必ず最初を振り返る

最初と最後がペアになっているプレゼンは美しい

▼プレゼンのまとめ

プレゼンのまとめは話してきた内容を整理するために必要です。「最後に今回お伝えしたことをまとめますと……」と言い出してまとめる時間を最後に作りましょう。

このまとめの部分で効果的なテクニックがあります。それは、**プレゼンの冒頭（最初）の部分で使用したキーワードや提示した課題をそのまま使うこと**です。このテクニックだけでプレゼンがまとまって見えるのです。

たとえば、ＴＥＤのプレゼンを見ても、この最初と最後の共通に話をもってくるというのは頻繁に使われているテクニックなのです。

途中で話がいろいろ複雑に展開されたとしても、最初にもう一度もどり、課題を再認識し、その課題やキーワードをもとに話を展開してきたことを解説するだけで十分なプレゼンのまとめになります。

まとめは必ず最初を振り返る

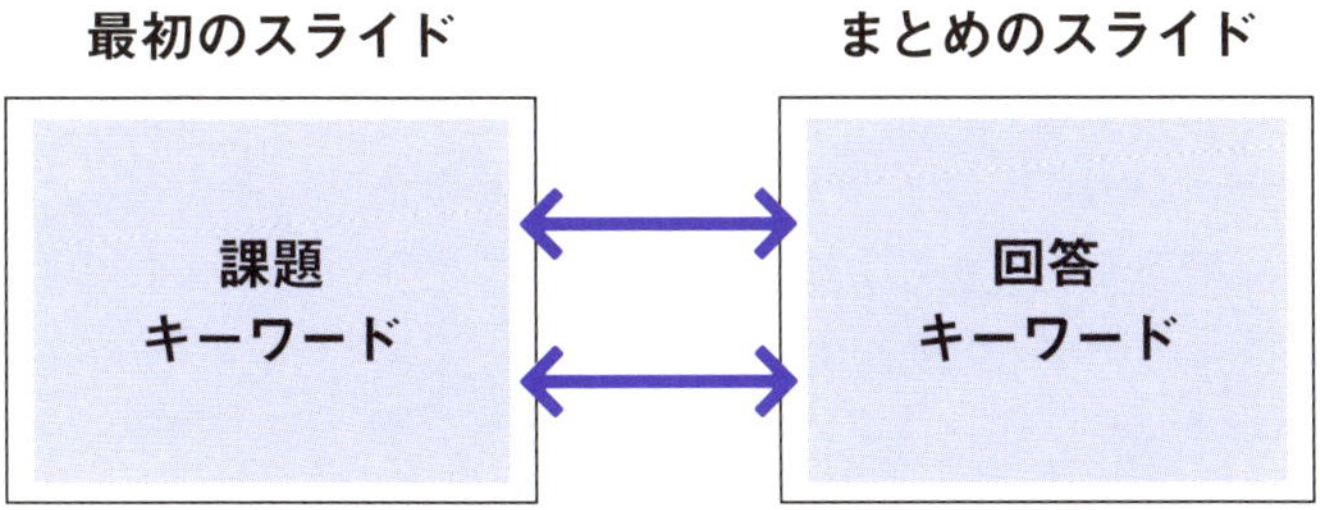

プレゼンの冒頭（最初）の部分で使用した
キーワードや提示した課題をそのまま
「まとめ」で使う

**このテクニックだけで
プレゼンがまとまって見える！**

途中で話がいろいろ複雑に展開されたとしても、最初にもう一度もどり、課題を再認識し、その課題やキーワードをもとに話を展開してきたことを解説するだけで十分なプレゼンのまとめになる

コラム

パワーポイントではなくワードを立ち上げる

どんなプレゼンにしようか？　そう考えたときに、多くの人は、まずパワーポイントを立ち上げるのではないでしょうか。それは、おすすめできないやり方です。パワーポイントはスライドを作るツールであって、シナリオを考えるツールではないからです。シナリオを考えるためには、まず、ワードなどのワープロソフトを立ち上げましょう。

次はＡ４用紙１枚に、プレゼンで話す内容をまとめます。ここで重要なのは、接続詞を使って、きちんとした文章にすることです。そうすることによって、プレゼン全体の流れを構築できるわけです。

接続詞を意識することで、メッセージとメッセージのつながりがはっきりします。今度は、それにあわせてスライドを作っていきます。こうすることによって、プレゼンの流れができてくるわけです。

一方、プレゼンの要点を箇条書きにしたもので、シナリオを作ろうとする人を、時々みかけますが、それでは流れが見えません。プレゼンの流れが今一つとお悩みの方は、ぜひ、接続詞を使ったシナリオ作成にチャレンジしてみてください。

第3章

プレゼンは準備で決まる

3-01

準備段階でやっておくべきこと

準備段階でプレゼンの成功が決まる

▼プレゼンの準備①データのバックアップ

ここでいうプレゼンの準備とは、本番に向けてパワーポイントのスライドがすべてそろい、話す内容も決まり、プレゼンが明日か明後日に迫った段階の準備のことを指します。行うべき準備は「プレゼンを成功させるために」ということよりも「プレゼンを失敗させないために」という観点で考えたほうがいいでしょう。成功させるためのテクニックも重要ですが、準備段階では失敗しないためにしておくべきことがたくさんあります。

まずは**データのバックアップ**。たとえば、手持ちのパソコンが起動しなくなったらどうするのか？　スライドを持参するのを忘れたらどうするのか？　私はそんなときのために、**インターネット上のファイル保管サービス（クラウド）などを使用し、自分が使用するパワーポイントのファイルをバックアップ**しておきます。これで自分のパソコンやパワーポイントが起動しなくても、その場にいる誰かのパソコンを借りてネットワークに接続することで解決できます。

プレゼンの準備①データのバックアップ

パソコンが壊れた！

パワーポイントのスライドを忘れた！

一安心！

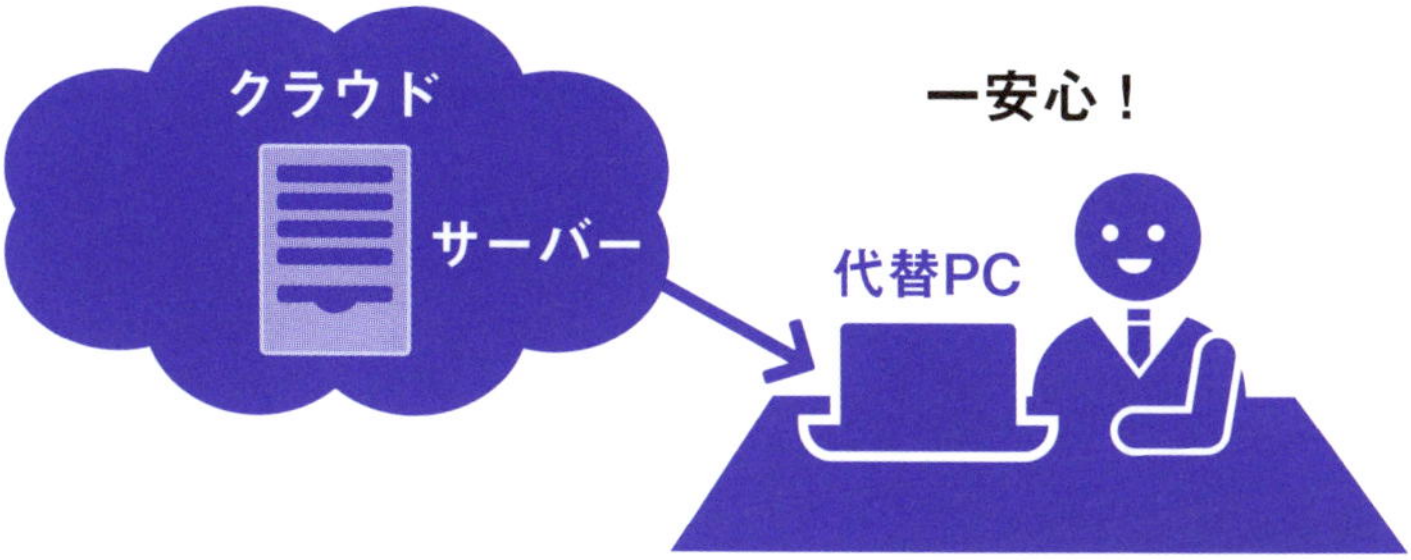

インターネット上のファイルサービス（クラウド）に、使用するファイルを入れておけば、パソコンが起動しなくても、別のパソコンから利用できる

▼プレゼンの準備②シナリオのバックアップ

バックアップはデータのバックアップだけではありません。本当に重要なプレゼンであれば、**シナリオのバックアップ**も準備しておくべきでしょう。もし話の途中で「今日聞きたいのはそういう話じゃなくて……」と相手から切り出されたら別のシナリオに切り替えなければなりません。

別のシナリオでも対応できない可能性があるので、おすすめは**シナリオ（パワーポイントのスライド）の元になった素材シナリオ（素材スライド）も一緒に持ち込むこと**です。話の途中で相手のリクエストに応じて臨機応変に展開できるようにしておくのも上級テクニックです。

準備段階で一番身に着けたいのは「自信」です。これだけ準備しておけば大丈夫だろう、という自信です。自信のあるプレゼンであれば説得力も増しますし、緊張も少なくなります。自信が失われているケースは、他人から受け取ったパワーポイントのスライドを使ってプレゼンしなければならないときや、プレゼン本番までに時間がなく内容の理解が足りないときに起きます。

であれば、自信をもつまで入念に資料を読み返し、パワーポイントのスライドを読み返し、リハーサルを繰り返す必要があるのですが、逆に自信のないパワーポイントのスライドは削除してしまうことも検討すべきです。

プレゼンの準備②シナリオのバックアップ

すべてクラウドにバックアップ

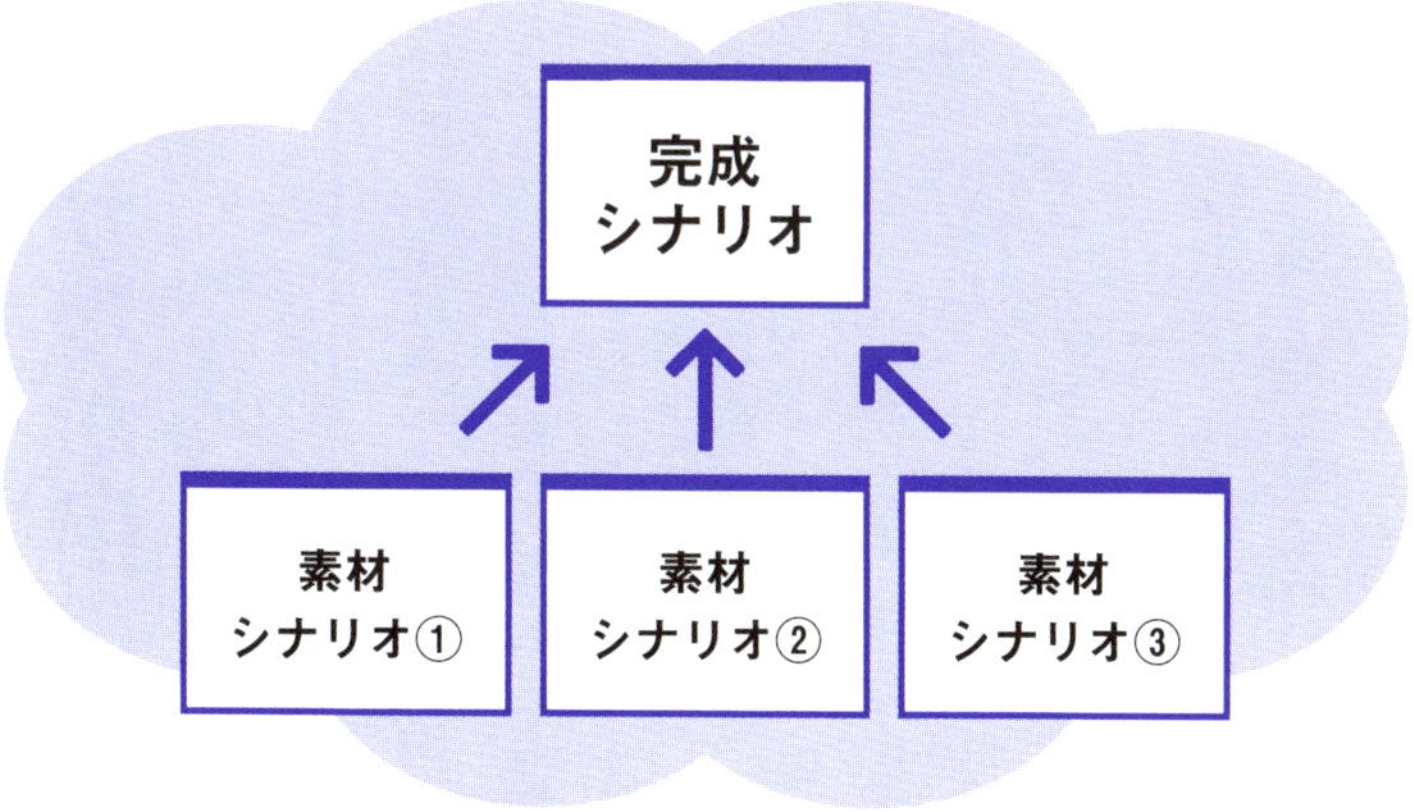

自信のないスライドはカット！

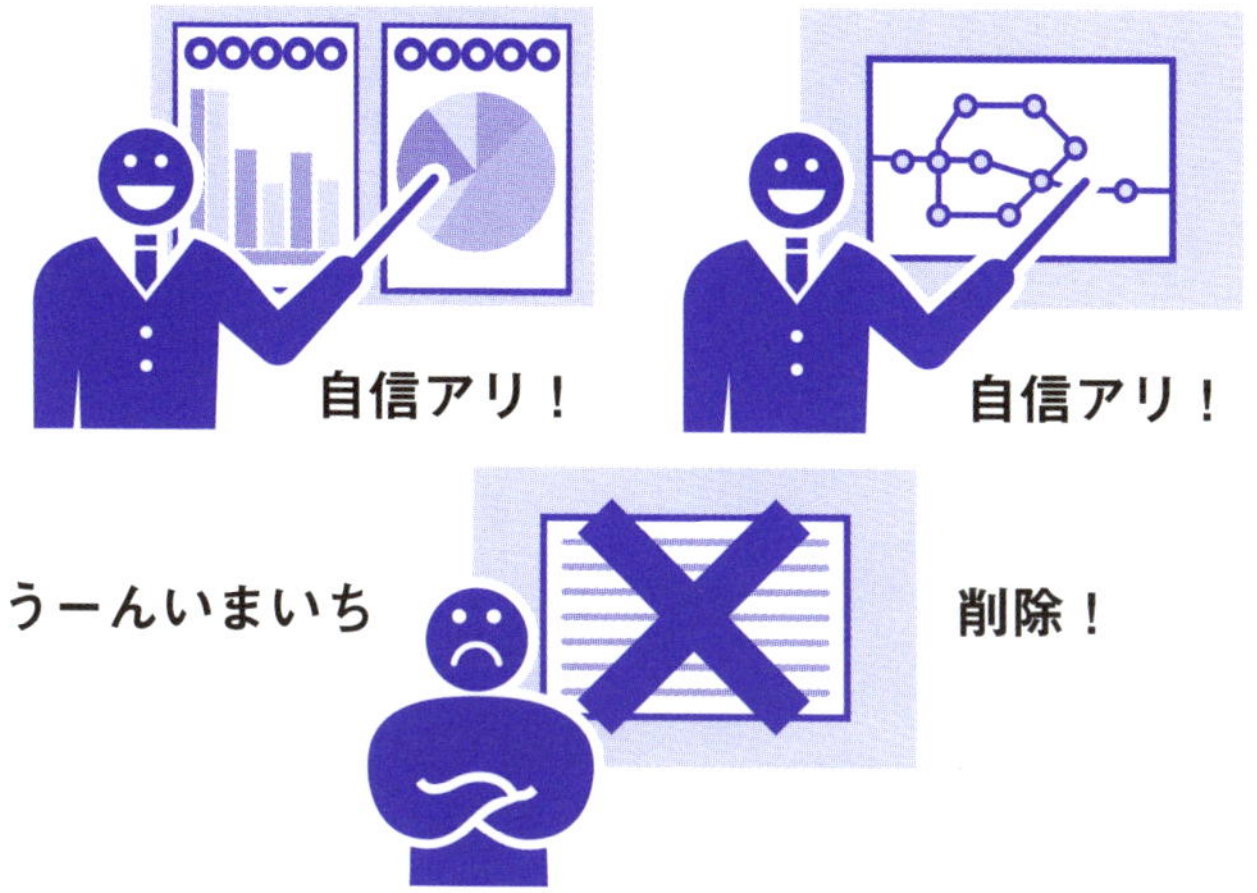

3-02

リハーサルが自信につながる

まずはしゃべってみる、相手に聞いてもらう

▼リハーサルは回数を重ねることが自信につながる

前述のように準備段階で自信をつけることが大切です。その自信を確固たるものにするにはリハーサルを繰り返すしかありません。リハーサルには次の2つの方法があります。

●イメージトレーニング

実際の言葉を口に出さなくても、パソコンを目の前にしてスライドを順番に送っていくだけで大丈夫です。時間も計測しなくていいでしょう。重要なのは**プレゼンのシナリオ全体の流れとスライドの内容、つなぎを徹底して暗記する**ことです。特にスライドの前後関係は重要です。これがしっかり頭に入るまでイメージトレーニングを繰り返しましょう。

●他人に聞いてもらう

リハーサルで効果的なのは他人に聞いてもらうことです。**時間計測をしながら、パワーポイントのスライドショーを実際に行い、相手に向かってしゃべってみましょう**。相手がいる場合といない場合とではスピードも違いますし、緊張感も違います。

リハーサルの種類

イメージトレーニング

- 実際の言葉を口に出さなくても、パソコンを目の前にしてスライドを順番に送っていくだけで大丈夫
- 時間も計測しなくて大丈夫
- プレゼンのシナリオ全体の流れとスライドの内容、つなぎを徹底して暗記する
- 特にスライドの前後関係は重要で、頭に入るまでイメージトレーニングを繰り返す

他人に聞いてもらう

- 時間計測をしながら、パワーポイントのスライドショーを実際に行い、相手に向かってプレゼンしてみる
  相手がいる場合といない場合とではスピードが違い、緊張感も違う

可能な限り相手を見つけて聞いてもらうチャンスを！

3-03

プレゼンの時間管理方法とは

パワーポイントのリハーサル機能と発表者ツール

▼プレゼンの前後の時間

プレゼンの時間管理はとても重要で、いただいた時間通りに行うのが基本です。多少の時間オーバーが許されるケースもありますが、次のプレゼンへの影響が起きますので、可能な限り時間は厳守すべきです。だからと言って準備された時間より短く終了するのは非常に気まずい雰囲気になります。

プレゼン開始時には挨拶も必要です。そしてプレゼンの終了時にはQ＆Aが設けられている場合もあるでしょう。そのQ＆A時間が必要であるかどうかは事前に確認しておくべきです。**プレゼン自体の時間は60分のプレゼンであれば55分ちょっとで終わり、最後に軽くお礼をさりげなく添えるぐらいの時間配分がいい**でしょう。

プレゼンの時間管理に便利なパワーポイントの「リハーサル機能」と「発表者ツール」を左ページで紹介しておきます。

プレゼンの時間管理に便利な機能

PowerPointのリハーサル機能

時間配分をリハーサルからしっかり行うため、PowerPoint にはリハーサル機能がある。これは時間を計測しながらスライドショーを行い、その時間を記録してくれる。この機能を使うことで、1 スライドあたりどのくらい話しているのか時間配分を知ることができる

PowerPointの発表者ツール

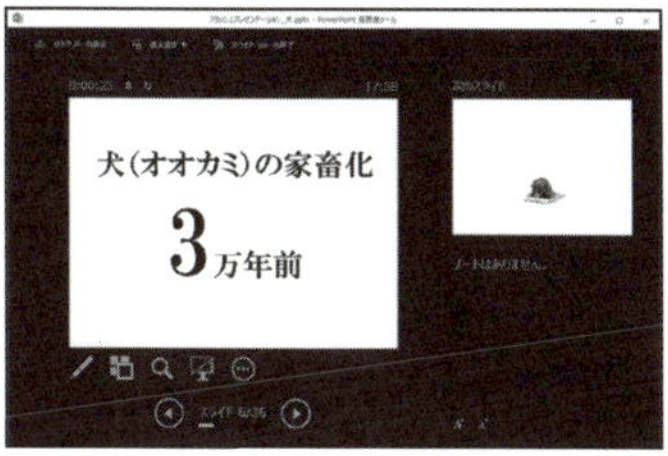

プレゼンの時間管理はスライドショーの途中でも可能。その際に便利なのは「発表者ツール」。現在のスライドと次のスライドやスライド一覧を一緒に表示してくれるうえに、全体の経過時間、スライド単位での経過時間を常に表示してくれる

3-04

口癖の気づき方・直し方

一度耳にしたら気になってしまうようがない口癖を防ぐ

▼口癖に気づく方法

　プレゼンのときに気になるのが口癖です。「えー」「えっとー」「実は」「本当は」「逆に言うと」「要するに」「～みたいな」などなど。プレゼン内容がしっかりと頭の中に入っていないために言ってしまう言葉や、重要なことや意外なことを伝えるときに口癖になっている言葉、実際に逆のことを言ってなかったり、要約になっていないのに出てしまう言葉などの口癖は、自分ではなかなか気づくことができません。他人から指摘されはじめて気がつくケースが多いのですが、実際問題、そんなに他人から指摘をストレートに受けることも少ないことでしょう。

　プレゼンのときに自分がもしかしたら何か口癖があるのかも？　と心配ならば**一度自分のプレゼンをICレコーダーやスマホの録音機能・アプリなどを使って録音してみるといいでしょう**。録音し聞き直すことで、その特徴的な口癖に気づくかもしれません。

プレゼンの口癖が気になったら

口癖が心配になったら……

↓

ICレコーダー　スマホアプリ

ICレコーダーやスマホアプリなどを使って録音した自分のプレゼンを文字に起こしてみる

↓

自分の口癖に気づける！

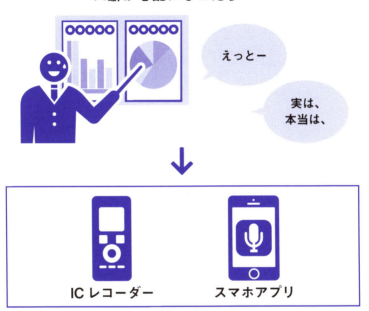

▼口癖を直す方法

基本的には、特徴的な言い回しは個性にもなるので、私は直す必要はないと思いますが、どうしても直したいならば、いくつかの方法があります。

一番簡単なのは、前述したように録音した自分のプレゼンを聞きながら、書き出してみるという方法です。しかし、これで口癖がわかったからといって、次にプレゼンを行ったときに注意してみるものの、根本的に直すことはできないかもしれません。

そこで私が行っている方法をおすすめしましょう。

一つ目の方法は、プレゼンをしているときのパソコンの画面やノートなどに、あらかじめ書き込んでおくことです。書き込んでおくことでその言葉に気づき、やがてその言葉が気になって気になって仕方がなくなります。つまり、まずは**口癖と指摘された言葉にプレゼン中に気づくことが大切**なのです。

そして、もう一つの方法が**キーワードを、わざと自分で言ってみること**です。

実は、口癖と言われたキーワードをわざと言ってみると、次はそのキーワードは言いづらくなります。次第にそのキーワードがわずらわしくなり、使わないようになります。

本当かな？　と思われる方もいるかもしれませんが、一度試してみることをおすすめします。

口癖を直す方法

口癖に気づけたら……

プレゼン中にわざと使ってみる

↓

すると……

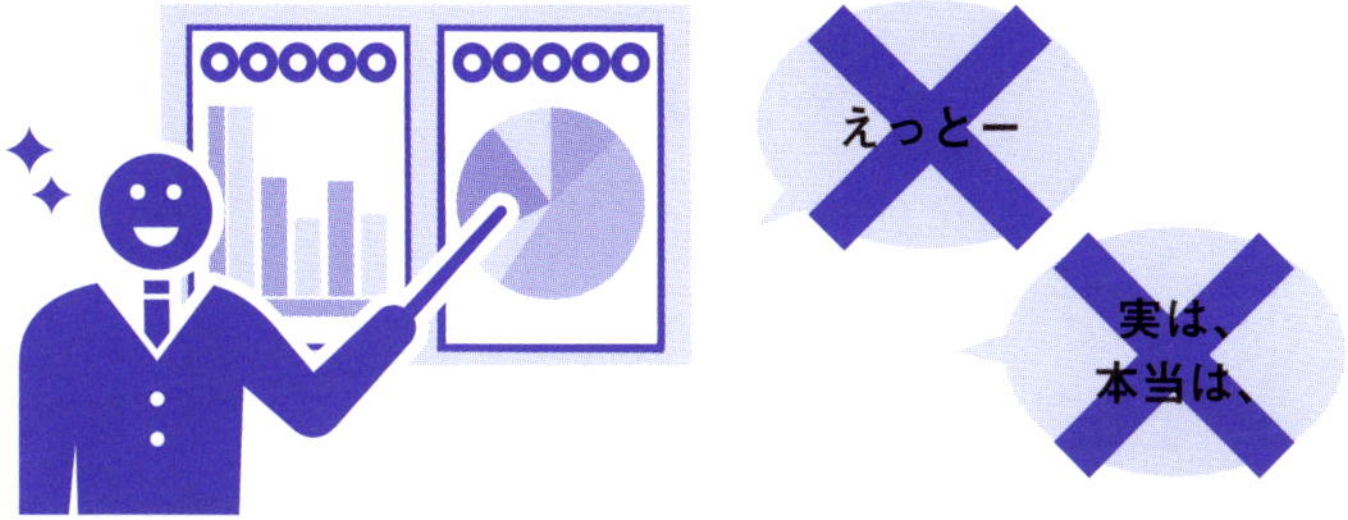

次はそのキーワードは言いづらくなり、次第にそのキーワードがわずらわしくなって、使わないようになる！

3-05 プレゼン会場の事前チェック

最高の環境でプレゼンを成功させよう

▼プレゼン会場の何を見ておくべきか

●プロジェクターとの接続

重要なプレゼンであれば会場の下見は欠かせません。あらかじめどういう環境でプレゼンを行うのかを知っておくことは自信にもつながります。経験上もっとも気を付けたいのが1―15でも触れたようにプロジェクターとの接続です。現在はアナログRGBによる接続だけではなく、HDMI、mini Displayポートがあり、**形状が少しずつ異なっているので、あらかじめ確認をしておいたほうがいい**でしょう。

●解像度

1―15で触れたように現在は様々な解像度があるので、**プレゼン用のパソコンとプロジェクターとの解像度の相性を確認**しておきましょう。相性には縦と横の画素数のほかに、縦と横の比率を表すアスペクト比、そして周波数があり、それらを少しずつ変えることでもプロジェクターの表示が変化します。慎重に事前チェックを行いましょう。

プレゼン会場の事前チェック①

PCとプロジェクターの接続

アナログRGB ポート

HDMI ポート

mini Display ポート

形状が少しずつ異なっており、あらかじめ確認をしておく

PCとプロジェクターの解像度の相性

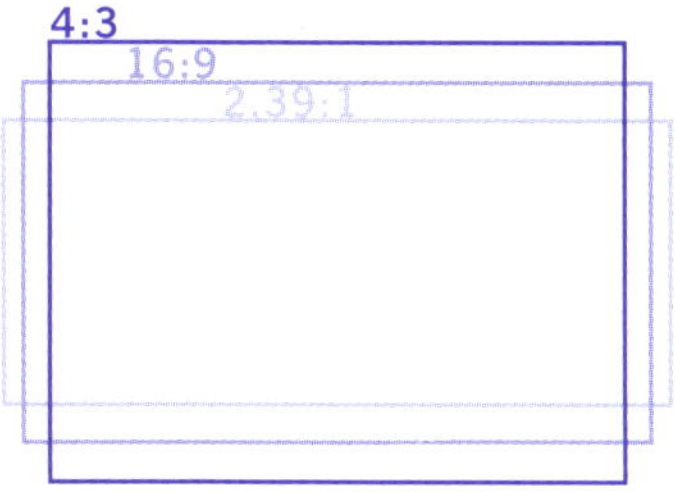

アスペクト比

主要な画面アスペクト比。
縦に高いものから順に4:3、16:9、2.39:1

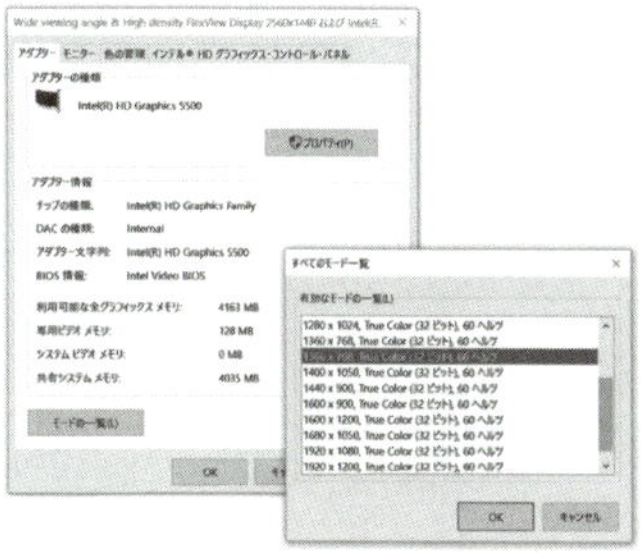

周波数

電波・音波・振動電流などの、1秒間に繰り返される波の数。単位はヘルツ（Hz）。

●**マイク**

映像機器の次は音響機器です。大きな会場の場合はマイクを使うことになります。**ワイヤレスマイクやピンマイクの場合はケーブルがない分、動き回ることが可能**です。そういった環境が準備できるとダイナミックなプレゼンをすることができるようになります。

●**電源**

プレゼン中にパソコンの充電を心配しなくてもいいように、しっかりと**周辺に電源が確保されていることを確認**しましょう。もちろん現在のパソコンはバッテリー容量が十分ありますが、万一のことを考えてあらかじめチェックをしておいたほうがよいでしょう。

●**会場の広さ**

プレゼンをする会場の広さを確認することも重要です。大きい会場であればあるほど、プロジェクターの映像を映すスクリーンも大きくなります。しかし、**大きい会場にも関わらず投影するスクリーンが小さい場合は、結果投影される文字が小さくなり、後方の人からは読みづらくなる**のです。そういった場合は、パワーポイントのスライド中の文字を大きくするなどの対応をしたほうがよいのですが、すぐに変更はできませんし、会場の大きさに合わせてスライドを作り直すのも大変です。プレゼンの冒頭でさりげなく「後方の方は少しスライドが読みづらいかもしれませんが、お許しください」といった一言の配慮ができるとよいでしょう。

プレゼン会場の事前チェック②

マイク

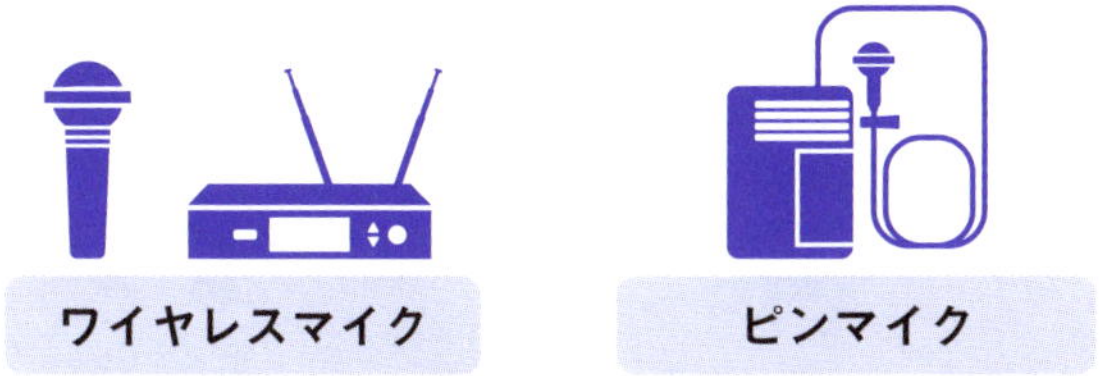

ワイヤレスマイクやピンマイクの場合はケーブルがない分、動き回ることが可能

電源

周辺に電源が確保されていることを確認

会場の広さ

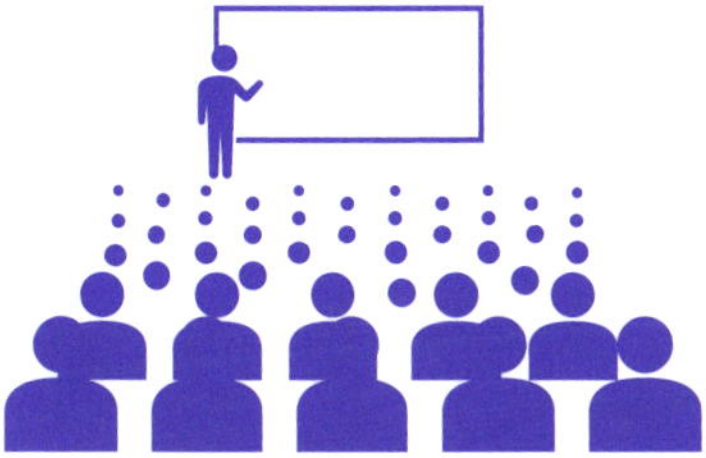

大きい会場にも関わらず投影するスクリーンが小さい場合は、結果投影される文字が小さくなり、後方の人からは読みづらくなる

3-06

プレゼン中の身だしなみ

やっぱりプレゼンは見た目も重要

▼プレゼンのシーンや内容、相手に合わせて身だしなみチェック

ビジネスシーンでの重要なプレゼンテーションは相手に合わせた身だしなみが必要です。少なくとも相手がエグゼクティブであったり、目上の重要な立場の人であれば、服装はしっかりとしたものを選びたいものです。私は相手がエグゼクティブの場合は可能な限りネクタイをしてビジネススーツで行います。しかし、相手が私のことをあらかじめ知っている顔見知りであった場合は、ビジネスカジュアルとしてノーネクタイのスタイルのケースもあります。

また開発者や技術者が多く集まるシーンでのプレゼンも、その相手に合わせてカジュアルな服装を選ぶことが多いです。基本的には**相手の服装に合わせて自分の身だしなみを整えるのがよい**でしょう。

仮にプレゼンの内容が謝罪やお詫びに相当するケースではこの限りではありません。内容も内容ですのでしっかりと清潔感のある地味な服装で臨みたいものです。

内容や相手に合わせて身だしなみを確認①

エグゼクティブの場合
＝フォーマル

知り合いの場合
＝ビジネスカジュアル

開発者・技術者の場合
＝カジュアル

基本的には相手の服装に合わせて自分の身だしなみを整えるのがよい

●実は靴も見られている

プレゼンを行ううえで見えないポイントへの気遣いも必要です。それは靴です。相手から見えないと思われがちですが、特にエグゼクティブ向けのプレゼンでは靴は重要なポイントです。しっかりと汚れを落としたビジネスシューズであるべきです。

エグゼクティブはプレゼン中に意外なところを見ているもので、こういった足元から相手の身綺麗さや準備の良さを見抜いていたりするのです。実際に私もそういった指摘を受けた経験が何度もあります。

●最近は格子模様、縞模様を避けるといい

さらに最近ならではの配慮があります。それは格子模様や縞模様を避けるということです。これはプレゼンそのものが収録されデジタル化されたときや写真を撮られたときへの配慮です。

格子模様や縞模様はシャギーと呼ばれるデジタルならではの縞状のノイズが出てしまうことが多くあります。これを避けるために私は格子模様や縞模様の服装は避けるようにしています。

内容や相手に合わせて身だしなみを確認②

靴は見られている！

ピカピカの革靴

薄汚れた
スポーツシューズ

エグゼクティブ向けのプレゼンでは靴は重要なポイント。しっかりと汚れを落としたビジネスシューズであるべき

服装の柄にも注意！

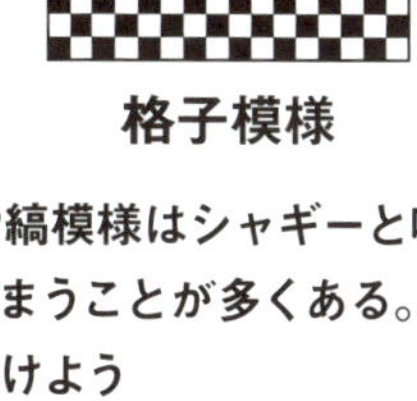

格子模様

縞模様

格子模様や縞模様はシャギーと呼ばれるデジタルならではの縞状のノイズが出てしまうことが多くある。これを避けたければ格子模様や縞模様の服装は避けよう

コラム

リトライの練習をしておこう

ネットワークが切断したり、パスワードを入れ違えたり、プレゼンにアクシデントはつきものです。そこで、アクシデントが起こったときに焦らないように、普段から練習しておきたいものです。

私は、時々わざとパスワードや押すところを間違えて、リトライの練習をしています。ただしリトライが許されるのは１回だけ。何度もやれば、とても見苦しいプレゼンになるので注意しましょう。

一方、必ず、バックアップ用のパソコンやタブレットは用意しておいてください。仮に、本当にプロジェクターとつながらなくなったりして、リトライを２回やっても動かなければ、すぐにあきらめ、さりげなくバックアップ用に切り替えます。並行して、動かなくなったパソコンのリカバリー作業もすすめます。

リトライ・バックアップ・リカバリー。この３点を準備して、なおかつ焦らず対応できるようになれば、アクシデントがつきもののプレゼンをかっこよく乗り切ることができるのです。

第4章

伝わりやすいスライドの作り方

4-01

読ませずに見せるスライドを心がけよう

パッと見てわからなければ相手は興味を持たない

▼スライドのどの位置を話しているか、言葉で説明できるか

プレゼンテーションの目的は「美しい資料を作る」ことではなく、あくまで「相手を動かす」こと。スライドを作るときには、それを強く意識することが大切です。

では、どんなスライドなら相手を動かせるのでしょうか。

理想的なのは、「読ませずに見せる」スライド。**ひと目見たときに、直感的にメッセージを読み取れるスライド**です。ちゃんと読まないとわからないようなスライドを見せられても、相手は興味を持ってくれませんし、読んでくれません。

意識すべきなのは、「スライドのどの位置について話しているか、簡単に説明できる」かどうか。「上から3番目ですが」と言ったときに、どこを指しているかわからないほどゴチャゴチャなスライドでは、相手も見る気がしません。そう考えると、1スライドあたりの情報量は絞ることが不可欠。何を言いたいかを明確にし、**1つのスライドでは1つのトピックを説明するのが適切**です。テキストボックスの配置をシンプルにしましょう。

「読ませずに見せる」スライドの第一歩とは?

×

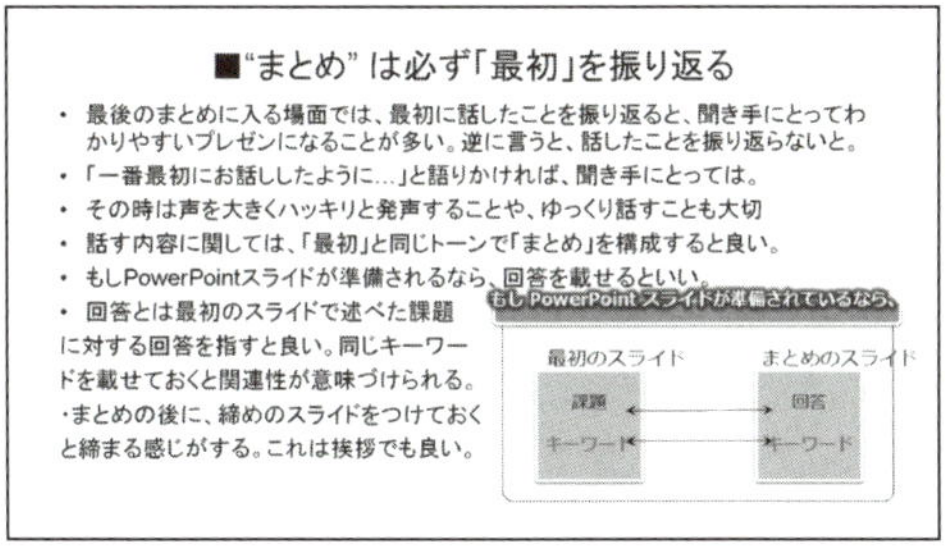

ゴチャゴチャ
いま、どこを説明しているのか、わからない……

○

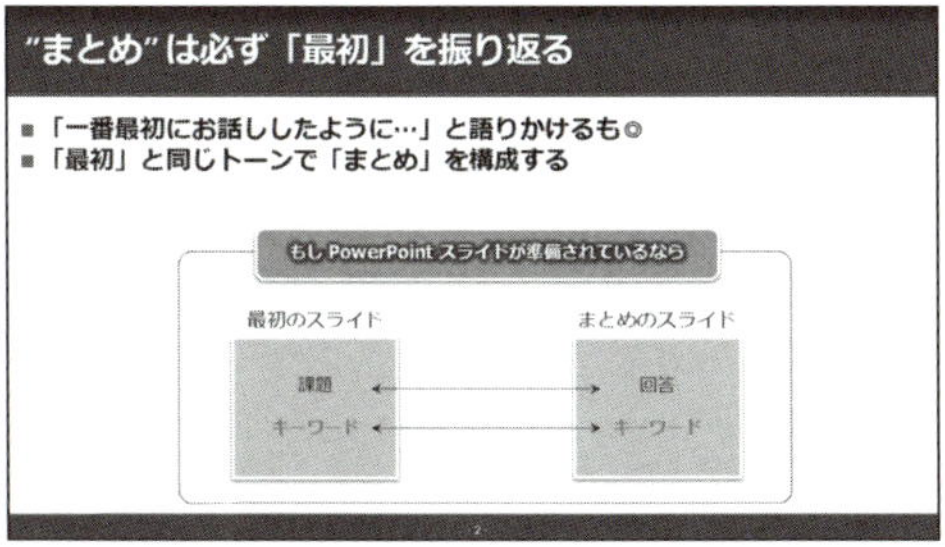

スッキリ！
パッと見ただけで何を言いたいのかわかるね！

「読ませずに見せる」だけでわかるスライドを作るには、何を伝えるかを明確にしたうえで、情報量をできるだけ絞ることが必要。テキストボックスの配置もシンプルにしよう

4-02

スライド全体の統一感は重要

文字の種類がバラバラなだけで相手の関心はズレてしまう

▼テンプレートやスライドマスター機能を活用しよう

スライドで自分の主張を確実に伝えるために、大切なのが、「相手の関心を本題からそらさない」ことです。しかし、実際には、関心をそらすようなスライドが見受けられます。その典型的な例が、「統一感のない」スライドです。スライドごとに、色合いも、フォントの種類やサイズも、ヘッダ・フッタの内容もバラバラ……。あまりに統一感がないと、「なぜこんなにバラバラ!?」と余計なことに気がいってしまいます。複数の人で作ったり、ネットの資料や他のスライドからコピペしたりすると、このようなことが起こりがちです。

基本の色合いやフォントサイズなどのフォーマットは統一しましょう。手っ取り早いのは、**パワーポイントのテンプレート機能を活用すること。表紙や中面など複数のスライドに関して、背景デザインやフォントなどが統一されたものが多彩に用意されています**。

また、「スライドマスター」機能を使うと、複数のスライドのフォントやサイズなどを一括で変換できるので、ぜひ活用してみてください。

スライド全体に統一感を

テンプレートやスライドマスター機能を活用しよう

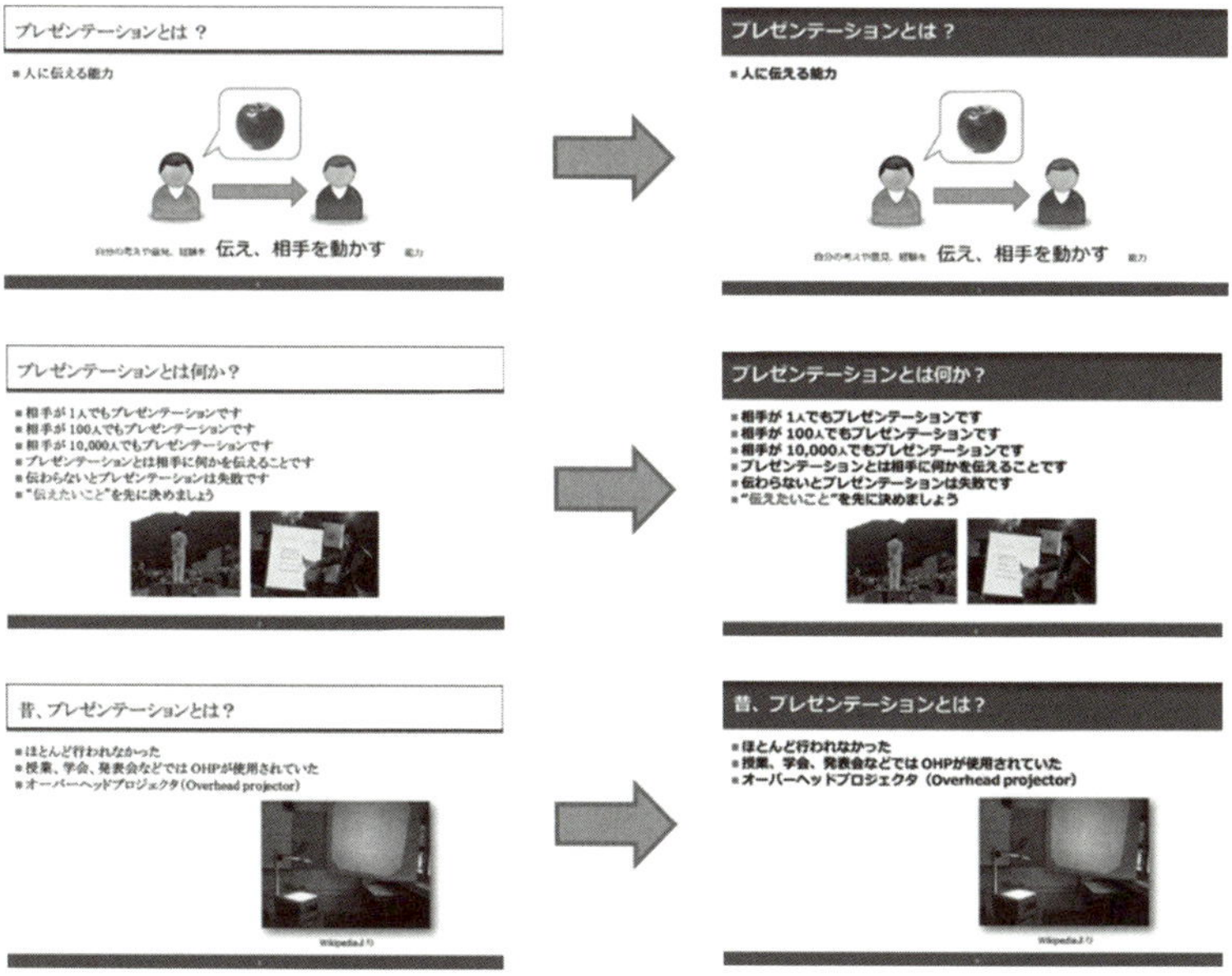

一括変換！

「スライドマスター」機能を使うと、複数のスライドの文字フォントや背景デザインを一気に変えることができ、全体に統一感をもたせることができる

4-03

カラフルなスライドは必要ない

白地に黒・赤・もう一色で十分

▼コーポレートカラーには要注意

相手の目を引くために、スライドに多様な色を使う人がいますが、これはNG。落ち着きがなく、スライドに重みがなくなりますし、何より見にくくなります。

スライドの背景は「白」が無難。印刷時も見やすく、スクリーンに投影したときの印象ももっとも自然です。文字やデザインに使う色も、3色が限界でしょう。白地でもっとも見やすい黒を基本に、強調したい文字に「赤」を使い、図形などにもう1色（青や緑など）使うといったところでしょうか。色を増やしたければ、同じ色のグラデーションで対応を。赤は目立つので、本当に目立たせたい文字だけにとどめましょう。

一つ注意したいのは、プレゼン相手のライバル会社のコーポレートカラーでデザインしないこと。これで、プレゼン相手のお偉方を怒らせた例は本当にあります。

また、色覚に障害を持つ人は、赤と茶、オレンジと黄緑など、微妙な色の違いが読み取れないことがあります。白黒で印刷し、わかりにくくないか確かめましょう。

コーポレートカラーでプレゼンが台無しに?

スライドの色は、プレゼン相手のコーポレートカラーを基調にすると、相手の印象は良くなる。逆に、プレゼン相手の競合他社のコーポレートカラーを基調にすると、どんなに内容が良くても、相手の機嫌を損ねることがある

4-04

タイトルスライドこそかっこよく

イメージ写真などで見栄えよく

▼章分けのスライドも入れると進行状況がわかりやすくなる

スライドを作るときに、意外と手を抜きがちなのが、タイトルスライドです。

タイトルスライドはプレゼンの冒頭で映し出されるため、第一印象を大きく左右します。また、他のスライドよりも長時間投影されることが多く、強いイメージを与えます。客先名などの内容を忘れないことはもちろん、イメージ写真などを入れ見栄えを良くしましょう。スライド全体の色のトーンを決めてから作ると、統一感が出ます。

できれば、話が終わった後の「ＴＨＥ　ＥＮＤ」を示すスライドも準備すべきです。これもプレゼン会場で長く投影されるので、イメージを左右します。といっても、凝る必要はなく、タイトルスライドで使った写真だけをもう一度投影する程度でも、十分締まります。

新たな章が始まるたびに、「章分け」のスライドを入れるのも、親切です。左ページの下のような章構成を入れると、進行状況がわかりやすくなります。章の内容にマッチした写真を入れると、プレゼンがより理解しやすくなります。

タイトルスライドや章分けスライドにも力を入れよう

●タイトルスライドの例

★含めるべき内容

- ●タイトル
- ●サブタイトル
- ●日付
- ●客先名 / 御中表示
- ●会社名 / 会社ロゴ
- ●所属・役職・名前
- ●アカウント /URL
- ●(できれば)イメージ写真

●章分けスライドの例

章構成を入れ、今どの章を話しているかを示す

タイトルスライドは冒頭に表示され、最も投影時間が長いスライド。他のスライドに力を入れるのは当然だが、こちらも手を抜かずに、見栄えの良いものを作ろう。新たな章が始まるたびに進行状況を示したスライド（下図）を入れると、話の展開がわかりやすくなる

4-05

スライド中のヘッダとフッタの重要性

ヘッダに書かれたスライドタイトルで全体像を把握できる

▼フッタに文章がかぶらないようにご注意を

「ヘッダ」「フッタ」とは、それぞれ「スライドの上部」「スライドの下部」のスペースを指します。これらの使い方も、スライドのわかりやすさを左右します。

ヘッダには、「そのスライドがどういう意味をなしているか？」という文言を入れましょう。スライドごとのタイトルや見出し、と言い換えられます。これをすべてのスライドに入れると、そのスライドの内容が一目でわかり、全体像を把握しやすくなります。

一方、**フッタにはページ番号やコピーライト表示を入れるのが一般的。**ただ、あえてページ番号を入れない考えもあります。時間の都合などで、いくつかのスライドを省略したとき、「なぜ話を省略したのか？」と要らぬ疑念を抱かせることがあるからです。

いずれにしても、本文の文字がヘッダ・フッタにかぶらないようにご注意を。かぶっている場合の多くは、情報の詰め込みすぎです。

スライドのヘッダ・フッタの使い方とは

ヘッダ
「そのスライドがどういう意味をなしているか？」がわかる文言を入れる。２行だと長いので、１行で収める。体言止めをすれば１行で収まりやすい。会社のロゴを入れることも多い

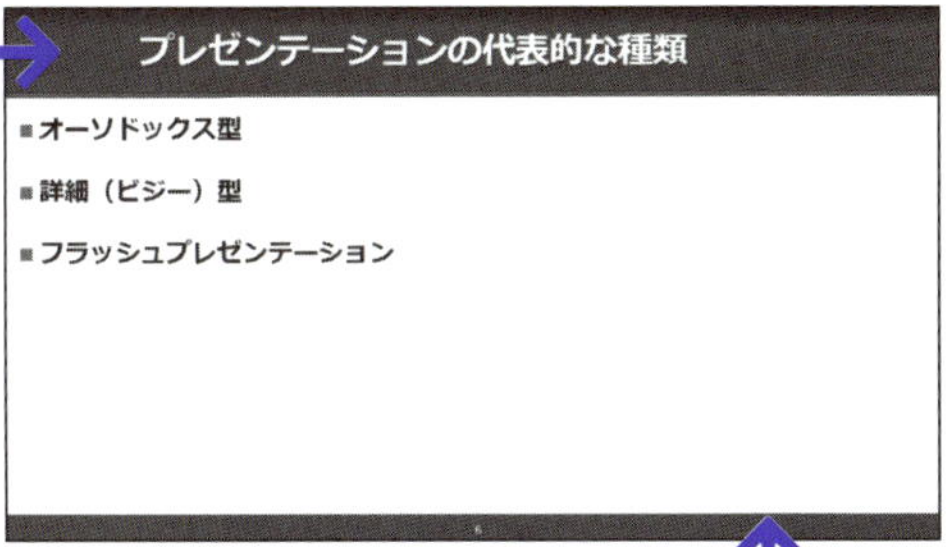
プレゼンテーションの代表的な種類
■オーソドックス型
■詳細（ビジー）型
■フラッシュプレゼンテーション

フッタ
ページ番号やコピーライト表示を入れる

ヘッダ・フッタには文章がかぶらないように注意。読みにくいうえ、情報量が多すぎるサインであることが多い

トラの生態を探る
■ 世界最大のネコ科動物。アジアやアフリカ、南米など、世界各地に生息している
■ オレンジの毛に黒いしまと白いしま模様の特徴
■ 模様は亜種によって明るさやしまの太さなどかなり異なる
■ 一般的に南の地域に生息するトラは小型で毛の色が濃い色をし、北の地域に生息するトラは大型で色が毛の色は淡くなる
■ 過去に8種の亜種が存在
■ 3種がすでに絶滅し、

ただし、デザイン的にフッタに写真をはみ出させるのはOK

ヘッダ・フッタまで気を配ることで、見やすく、相手に伝わるスライドができあがる

4-06

情報を詰め込んではいけない理由は？

スライドの朗読ほど退屈なプレゼンはない

▼文字が小さくて一番後ろの人が見えない可能性も考慮しよう

この章の冒頭で「ゴチャゴチャに情報を詰め込んだスライドは誰も読む気がしない」と述べました。これは「話すのが苦手だから、話が下手でも、読めばわかるようにしておこう」という狙いもあるのでしょう。しかし、単にスライドを棒読みしているだけのプレゼンほど、退屈なプレゼンはありません。結果、ますます相手が興味を持たなくなるという悪循環を引き起こします。**スライドに、話す内容をすべて書くのはやめましょう。**

パワーポイントには、プレゼンターだけがプレゼン中にメモを読める「ノート機能」がありますが、ここに話すことを全部書いて読むのも、あまりおすすめできません。

スライドの情報量を絞ったほうがよい理由は、もう一つあります。それは、情報が増えると文字が小さくなり、プロジェクターに映した文字が見えない人が出てくるからです。

文字の大きさはプロジェクターに映した際、一番遠くにいる人が見えるサイズにしましょう。第3章でも触れましたが、会場の大きさがわかれば、事前にシミュレーションを。

てんこ盛りのスライドは百害あって一利なし

スライドの内容を棒読みしているだけのプレゼンに、人の心を動かす力はない

4-07

インパクトは「空白」で生まれる

重要な情報の周りは「空ける」が正解

▼空白の多いスライドを一つだけ入れると目立つ

スライド作成が上手な人に共通しているのは、「空白」を巧みに使っていることです。

たとえば、左ページの上の二つのスライド。左は単に入力して空きスペースが残っただけに見えるのに対し、右は二つの重要な数字だけに絞っているように見えます。これは空白のバランスをうまく取ることで、あえて空白を作っている感を演出しているからです。

そこに書かれた言葉は、聞き手の印象に強く残ります。人間の目は「差」に注目するからです。空白があるほうが、文字の部分との差がついて、より目立つのです。

「他のスライドには空白が少ないけれど、このスライドだけ空白が多い」というふうにメリハリをきかせると、さらにインパクトは強まるでしょう。

また、下のスライドに関しても、左右の二つのスライドは、まったく同じフォントサイズで、同じ文言が書かれていますが、右のほうが、メッセージが強く伝わってきます。これも、重要なメッセージの周囲に、空白を設けているからです。

インパクトは「空白」で生まれる

「空白」を使って、メッセージを目立たせよう

Before

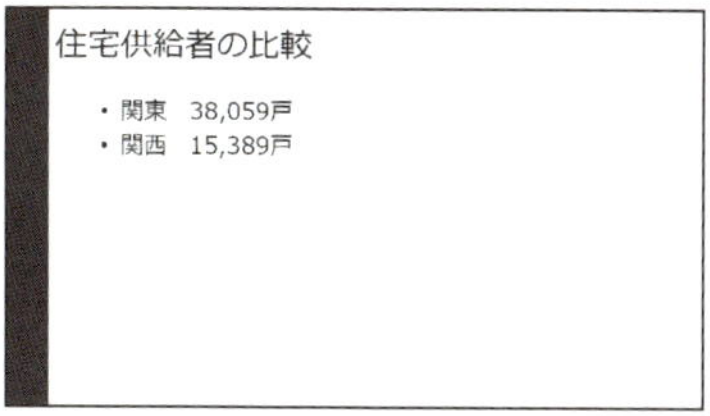

After

Before

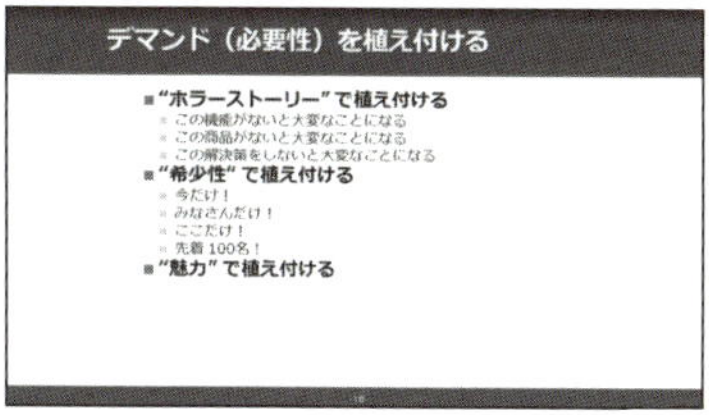

After

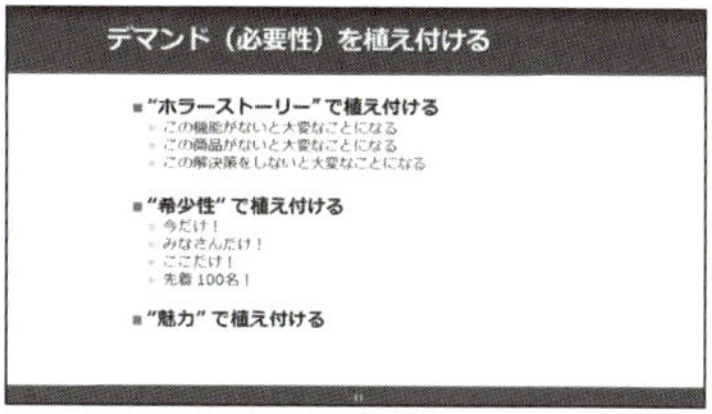

わずかな空白の違いでも、与える印象は変わる。細部にまで目を行き届かせていることが、聞き手の心を動かすことにつながる

4-08

箇条書きは単純な言葉を並べよう

最大でも1行に収めれば相手の記憶に残りやすい

▼下位階層の文章のフォントサイズを下げるだけでも理解度は変わる

箇条書きに関しては、仕事で多用している人が多いかと思います。プレゼンスライドも同様に、箇条書きを使うことで、複数の項目を整理して伝えることができます。

その際ですが、もうひと工夫重ねると、さらにわかりやすくなるでしょう。

まずは、**できる限り1行に収めること**。数文字程度の短いキーワードでまとめられれば、相手の記憶に残りやすくなります。そこまでいかなくても、文を最後まで書かずに体言止めにしたり、句読点を極力つけないようにしたりすると、文字数を減らすことができ、相手の頭に入りやすくなるでしょう。

左ページの「弊社の今年の取り組み」のように、**複数の項目に、さらに下位の階層があるときは「段落」を利用**します。「インデント」で1文字下げたら、フォントのサイズも下げて、どれが上位階層の項目か、明確にするのです。すると、単純に箇条書きしたときよりメリハリがつき、相手が何が重要なメッセージかを理解しやすくなります。

箇条書きはもう一歩手を加える

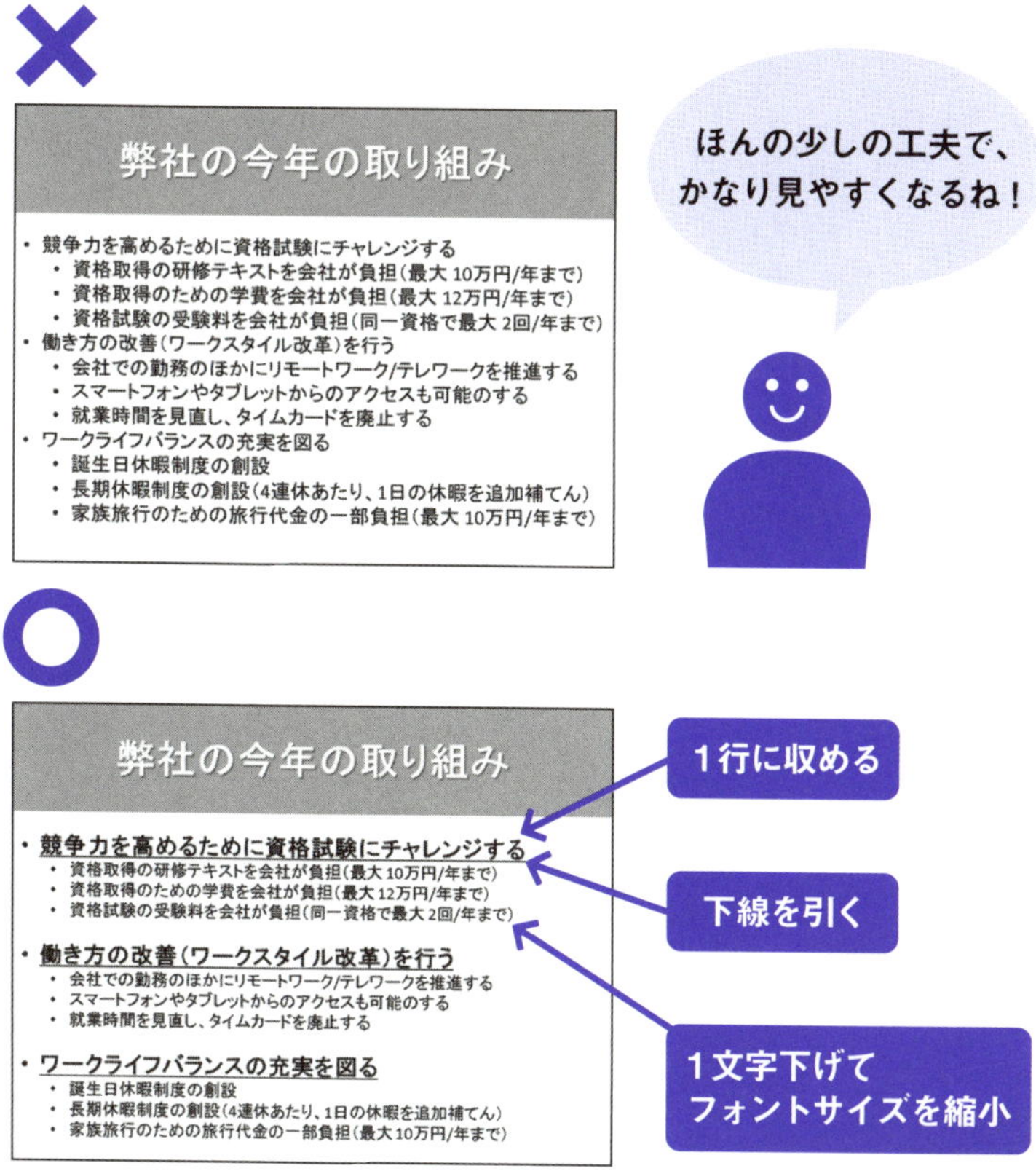

複雑な項目を整理するときによく使われる箇条書きだが、単に箇条書きするだけでなく、もう一歩工夫すると、断然見やすくなる。

4-09

数字にインパクトを与えるには？

単位の級数を2割小さくするだけでも数字が際立つ

▼数字をひとつだけ載せたスライドもインパクトは大きい

プレゼンの説得力を増すためには、数字をうまく使うことが大切です。「すごく重い」というより「体重５００kg」といったほうが、相手は具体的にイメージしやすくなります。さらに数字が与える効果を高めるには、「見せ方」も重要です。たとえば、左ページの上のように、その**数字をひとつだけ載せたスライドを作ると、インパクトが出ます**。「単位のフォントサイズを、数字よりも２割ほど小さくする」ことも、数字を目立たせるテクニックのひとつです。左ページがその例。上下を見比べると、下のほうが、数字が際立って見えることがわかるでしょう。スーパーなどのチラシでは当たり前のように使われている手法で、プレゼンでも使わない手はありません。数字のほうを大きくする方法もありますが、行間のズレが出やすくなるので、単位を変えるほうがやりやすいはずです。

また、**数字は、全角ではなく半角を使ったほうが、見栄えがよくなります**。４桁以上の数字は、３桁ごとにカンマ区切りを入れて、読みやすくしましょう。

数字にインパクトを持たせるには?

● 数字をひとつだけ載せたスライドを作る

売上高 対前年比1150%

思い切って情報を絞ると、
インパクトがあるし、
数字が頭に残る!

● 単位のフォントサイズを小さくする

今年度の売上の概要

- 100円より200円の商品が好調
- 550kg以上は割引率が高い
- 4200台までが限界
- 1200人に客数を大幅拡大

● 数字は太字にする

● 単位は小さく
数字より2割ほど小さい
とバランスが良い

インパクトのある数字があったとしても、単純に示すだけでは、相手の印象に残せない。上のようなちょっとした工夫をすることで、数字を相手の頭に刻み込める

4-10

矢印は自然な目線に逆らわない

「左から右」「上から下」の基本ルールを守る

▼不自然な目線移動をさせると、理解がしにくくなる

相手の目線を誘導することの大切さは後の章でも述べますが、人間の目線は「左から右」、「上から下」へと動くのが自然です。ですから、矢印やチャートなどで、自然に逆らった「右から左」「下から上」への移動があると、違和感を覚え、内容が理解しにくくなります。左ページの上の図が、その例。おかしな感じがしませんか?

目線の移動がある表現は、「左から右」「上から下」を徹底しましょう。矢印やチャートのほか、年表、タイムスケジュールなども同様です。

例外は「良い変化」。たとえば「年々売上が上昇している」「着実に対策を打って、進歩している」といったことです。これは、左ページ下の図のように、文字列を右肩上がり、つまり「左下から右上」へと配置してかまいません。

一方、右肩下がりの矢印は、「左から右」「上から下」ではありますが、業績悪化をイメージさせるので、使わないほうがよいでしょう。

目線移動は「左から右」「上から下」

今期は赤字に転落する見込み
←
不況で自動車の売上が低迷
「右から左」の矢印は違和感を覚える

「左から右」「上から下」だと自然に見える
不況で自動車の売上が低迷
→
今期は赤字に転落する見込み

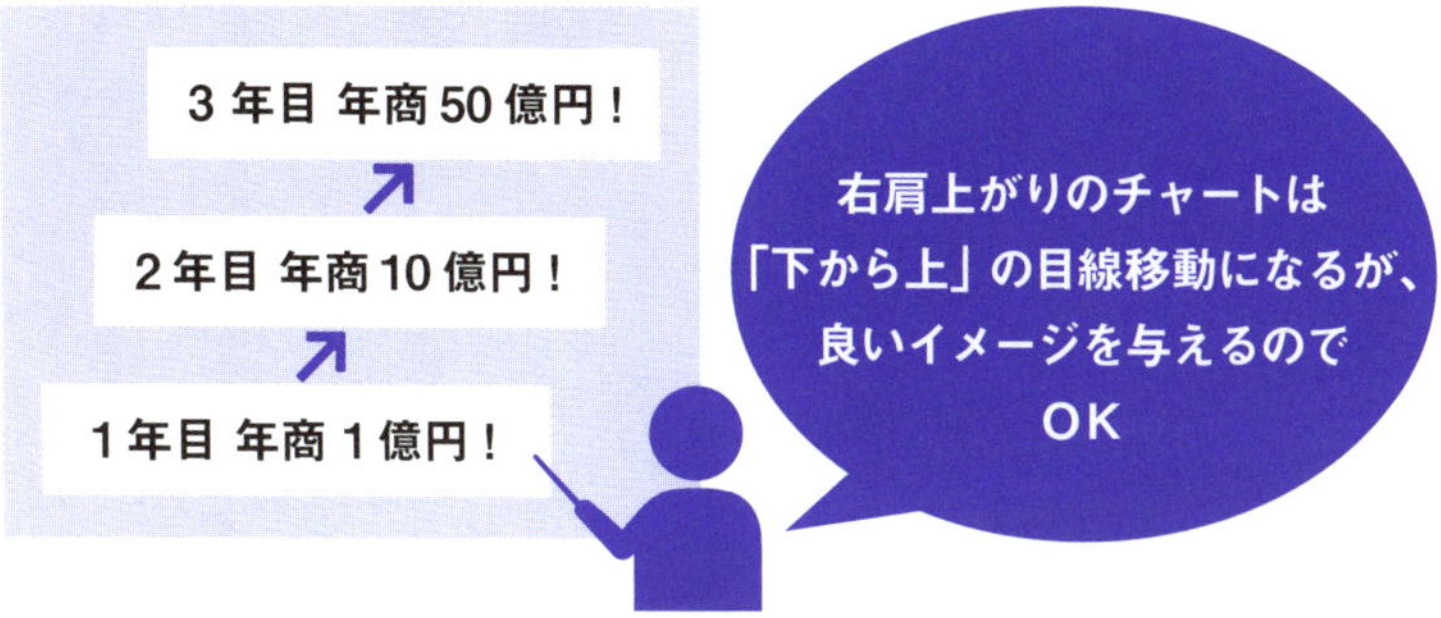
3年目 年商50億円！
2年目 年商10億円！
1年目 年商1億円！
右肩上がりのチャートは「下から上」の目線移動になるが、良いイメージを与えるのでOK

人間は、矢印の方向ひとつ違うだけでも、理解がしにくくなる。細部まで慎重に考えよう

4-11

合言葉は「1スライド1ワード」

同じ単語や表現を何度も繰り返さない

▼タイトルスライドの文言は二度繰り返す必要はない

じっくり読まなくてもわかるスライドを目指すには、できるだけ文章量を減らすことが必要です。

そのテクニックとして覚えておいてほしいのが「1スライド1ワード」。一つのスライドで、同じ言葉を2回以上重複させないということです。

たとえば、左ページの左上のスライドを見てください。「ケーキ」という言葉が6回も出てきますし、「おやつ」や「選ぶ」という言葉も重なっています。しかし、右上のスライドのように、それらの言葉を削って、スライド内で一つだけに絞ると、文章が1／2以上減り、内容がパッとわかります。

また、左ページ下のスライドのように、タイトルスライドの言葉をもう一度本文の説明で使う人は多いかと思います。少ないスペースですから、これも削ってしまってOKです。1文減らすだけでも、情報量が減り、本当に伝えたいメッセージが際立ちます。

「1スライド1ワード」でスッキリした見た目に

Before

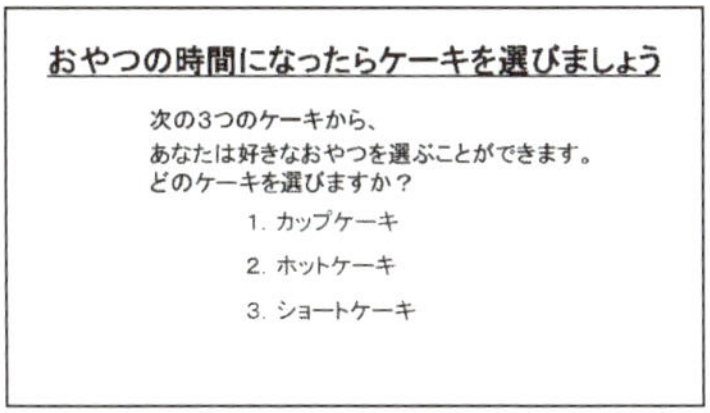

After

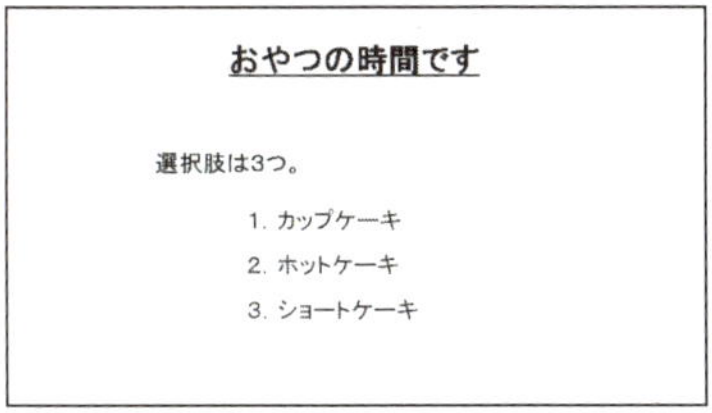

「ケーキ」「おやつ」「選ぶ」の３ワードを減らすだけで、文章量をかなり減らせた

Before

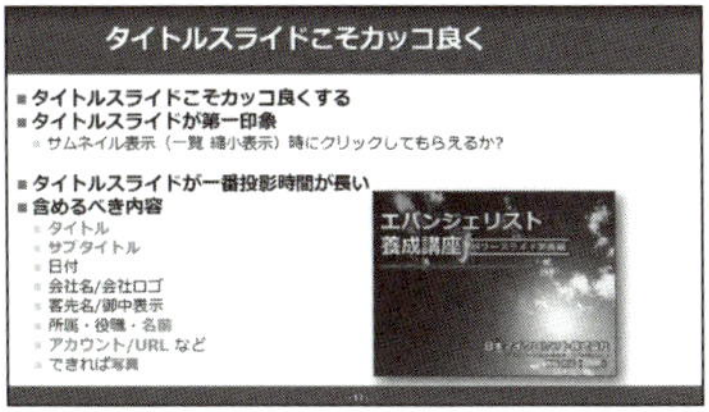

After

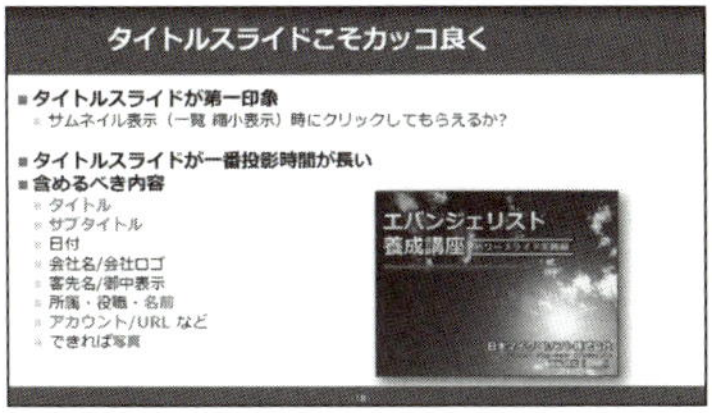

1行削るだけでも、「タイトルスライドが第一印象」という言葉が際立つ

何度も出てくる言葉や表現を削っていくと、スライドが洗練され、パッと見ただけで内容がわかるようになる

4-12 グループピングを意識しよう
囲う相手が変わるだけで、スライドの見やすさは格段に違う

▼余分なフレームはできるだけ省こう

関連した要素をつなぎあわせる「グループピング」もまた、スライドのわかりやすさや見やすさを大きく左右します。

たとえば、左ページの上のスライド。少しわかりにくくありませんか？　理由は、ケーキの名称とケーキのイラストが別々にグループピングされていて、連動していないから。また、ケーキ名とイラストを囲うフレームがあることで、見にくさもあります。

これらの問題を解消したのが、下のスライドです。ケーキの名称とそのイラストを一緒にグループピングしたことでわかりやすくなりましたし、余計なフレームが外されたことで、すっきりと見えるようになりました。グループピングを変えるだけで、これだけ違うことがおわかりいただけるでしょう。

「何と何をグループピングすればわかりやすいか」「不要なフレームはないか」。この二つをぜひ意識してください。

グルーピングひとつで、これだけ変わる

Before

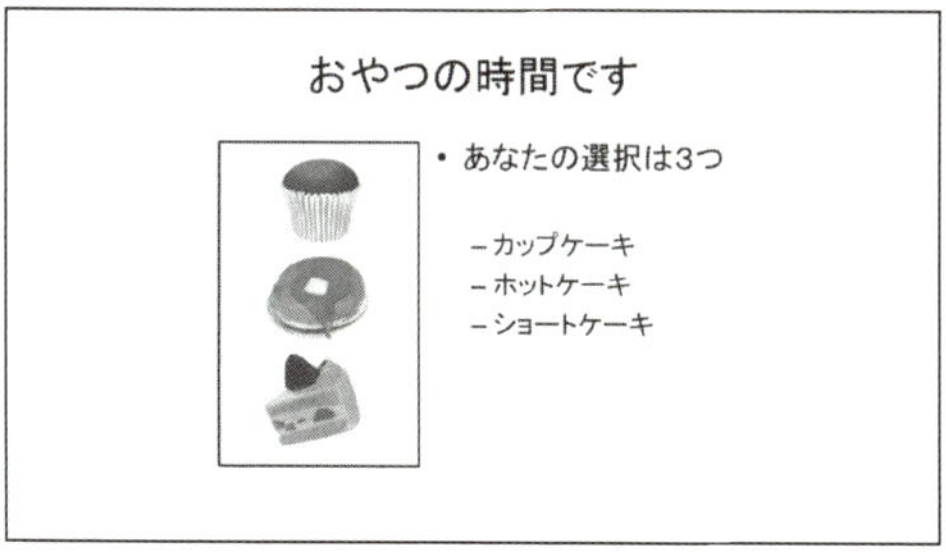
おやつの時間です
• あなたの選択は3つ
– カップケーキ
– ホットケーキ
– ショートケーキ

なんか
わかり
にくい
……

・一緒に囲うグループを変える
・不要なフレームを外す

After

おやつの時間です
■あなたの選択は3つ
カップケーキ
ホットケーキ
ショートケーキ

わかり
やすく
なった！

グルーピングのやり方を変えるだけで、スライドの見栄えは全く変わってくる

4-13

表は目立たせたい数字を強調

太字や拡大でメリハリをつけ、他との違いを明らかにする

▼数字自体をいじらなければ問題はない

プレゼンで多用される表とグラフですが、どちらでも表せるケースがあります。「数字の大きさ」を表現したいときには、表を使うのがおすすめです。たとえば、左ページの世界遺産の表。棒グラフだと各国の差が出ませんが、表にするとイタリアの世界遺産の多さを強調できます。

表を使うときのポイントは、「強調したい数字を思い切って強調する」ことです。左ページ下の世界遺産の表でいえば、左の表だとイタリアの多さが埋没しますが、右のように、フォントを大きくしたり、太くしたり、背景色を変えたりすることで、数字が際立ちます。

客観的なデータをいじると信ぴょう性が失われるのではないか？　と考えるかもしれませんが、数字自体を改ざんしなければ問題ありません。

ちなみに、表は、見出し行の項目名はセンタリング（左ページの表で言えば、国名・数）、左列に並ぶ項目（各国名）は左寄せ、数字は右寄せにすると、整然と見えます。

表の数字はメリハリが大事

世界遺産の大変多い“イタリア”

国名	数
イタリア	49
中国	45
スペイン	44
ドイツ	38
フランス	38
メキシコ	32
インド	30
イギリス	28
ロシア	25
アメリカ	21

↓

世界遺産の大変多い“イタリア”

国名	数
イタリア	49
中国	45
スペイン	44
ドイツ	38
フランス	38
メキシコ	32
インド	30
イギリス	28
ロシア	25
アメリカ	21

世界遺産の大変多い“イタリア”

国名	数
イタリア	**49**
中国	45
スペイン	44
ドイツ	38
フランス	38
メキシコ	32
インド	30
イギリス	28
ロシア	25
アメリカ	21

左右の図を見比べると、右の図のように、イタリアの世界遺産の数だけ目立たせたほうが、その多さが伝わる。太字、フォント拡大、背景色を変えるなどの方法がある

4-14

「21世紀のグラフ」を作ろう

余計な情報は省いて「伝えたいこと」をしっかり伝える

▼3Dの駆使など、凝った装飾は必要ない

一方、「年々増えている」といった数値の時系列の変化を強調したいときには、棒グラフや折れ線グラフなどが適しています。

相手の心を動かすためには、「21世紀のグラフ」を作りましょう。

グラフというと、3Dを駆使したり、派手に着色したりする人がいますが、これは「20世紀のグラフ」。凝った装飾は、相手の意識を余計なことに向けさせてしまうので、伝えたいことが伝わらなくなります。

それに対し「21世紀のグラフ」は、伝えたいことを伝えるために、余計なものを極力削り取ります。左ページの下がその例。上と比べると、3Dをやめ、派手さはありませんが、「東京は他の都市と異なり、3月の雨量が多い」ということが明確に伝わるはずです。

まずは、何を伝えたいかをハッキリさせたうえで、それを表現するにはどんなグラフにしたほうがよいか、という順番でグラフを作りましょう。

「21世紀のグラフ」で聞き手を動かす

20世紀のグラフ

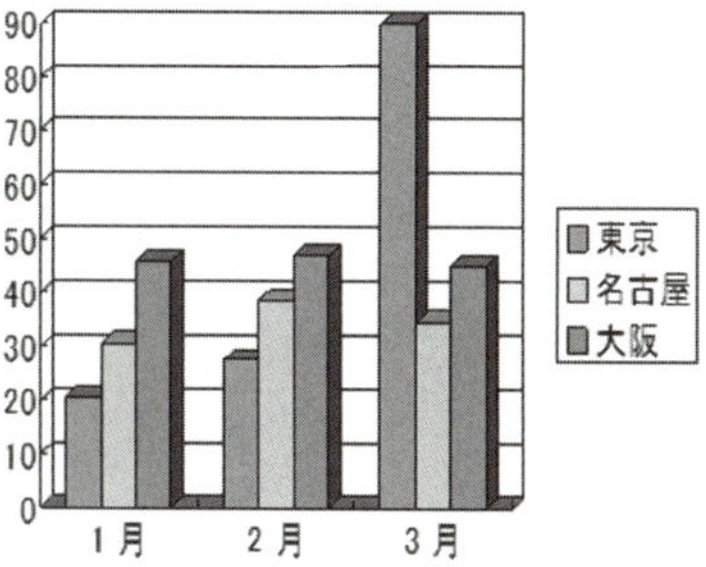

21世紀のグラフ

ゴテゴテして見にくくなるのを避けるために、縦軸の線を省略

色は原色・多色を避ける。パステルカラーを淡くした「シャーベットカラー」だと落ち着いて見える

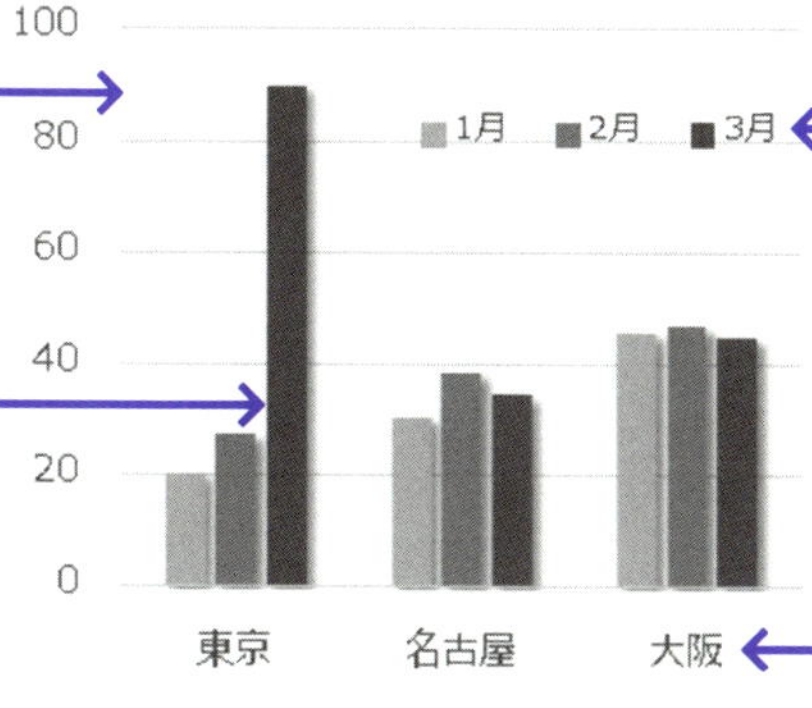

目線を散らさないよう、「凡例」は中に入れる

都市ごとにしたほうがわかりやすいと考え、横軸は「都市」に変更

グラフをあれこれ飾り立てると、相手はそちらに意識が行き、肝心の言葉が頭に入ってこなくなる。シンプルな方が、伝えたいことが正確に伝わり、相手の心を動かせる

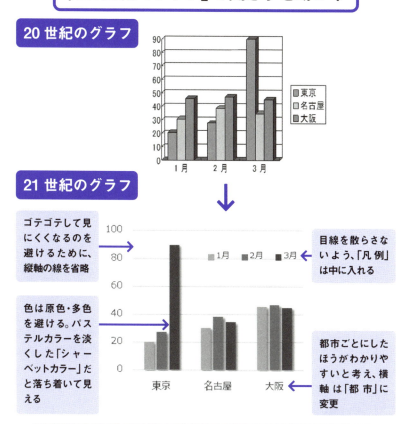

コラム

少しお金を出せば、インパクトのある写真が手に入る

インパクトのあるスライドを作るには、写真はなくてはならない存在です。

文章と図表だけで説明するのに比べて、何より聞き手の興味を引きますし、イメージも強く印象づけられます。

資料に写真を使うならば、自社で持っている商品写真やフリー素材でも良いですが、少しだけお金をかけると良い写真が見つかるので、有料のストックフォトサービスを使うことも視野に入れておきましょう。

たとえば「Pixta」（https://pixta.jp/）は、プロから素人までさまざまな人が撮った写真が購入できるサイトで、1枚540円から利用することができます。

また、「fotolia」（https://jp.fotolia.com/）は定額ダウンロードサービスを提供していて、月3,000円でMサイズの画像が10点までダウンロードできます。

予算が許すなら利用してみるとよいでしょう。

第5章

1つ上のスライドテクニック

5-01

図版はイラストを使わない

イラストを使うのは、もう古い？

▼スライドに使うなら、アイコンか写真を

ファッションでもビジネスでも、あらゆるものにはトレンドがあるものです。そして当然、プレゼンのスライドにもトレンドがあります。時代遅れのスライドを指し示していると、見た人に「古くさい感覚の人だな」「昭和か！」と感じさせてしまいます。「そんな感覚の人の話なんて……」と疑問視されてしまうリスクがあるわけです。パワーポイントでタイトルや文章、図版を入れるときも、このトレンドを意識しましょう。

まずは、図版の入れ方のトレンドから。**図版は、イラストは使わず、「写真」あるいは「アイコン」のみで表現するのが定番になってきました**。イラストは流行り廃りが早いうえ、好みもはっきり分かれるため、好まれなくなっているのです。最新のパワーポイントではクリップアートが廃止されたのもこのトレンドがあってのことでしょう。ちなみに、写真はなるべく大きくダイナミックに使いましょう。場合によっては画面全体に背景のようにするのも効果的です。

イラストではなく写真を大胆に配置する

古くさい図版の入れ方

×

クリップアートなどのイラストをちょこんと置くのは昭和のスライド

トレンドの図版の入れ方

○

写真をドンと大胆に配す。フキダシなども使わないでおこう

5-02

図版のエッジを活用しよう

写真は切り抜きを多用し隅に寄せる

▼図版を簡単に際立たせられる、効果抜群のテクニック

図版においては写真を使うのがトレンドと言いました。しかし、ただ四角い写真をスライドに貼るのはいただけません。視覚に訴える「見る」ツールにしたものが、よいプレゼンのスライドです。そのため、写真も効果的に際立たせるような見せ方が必要です。トレンドもふまえて、押さえておきたいのが「切り抜き」でしょう。**人や動物、モノなどにフォーカスした写真は、余計な背景を切り抜く**のです。パワーポイントでは書式メニューのいちばん左側に「背景の削除」というメニューがあるので、そちらを使えば簡単に加工できます。

さらには「エッジ」を活用することも効果的です。

エッジとは隅や端っこのことで、たとえば左ページの下の写真のように**スライドの一番端の左下などに画像を置く**のです。真ん中にドンと配すよりも、ずっと目線が集まるようになります。

写真は背景を消し、端っこに置く

角版写真をドンと中央に置くと——。

×

実は目立たず、
無味乾燥な印象に

切り抜いて隅っこに置くと——。

○

背景がないとぐっと目立ち、収まりもいい

エッジは、スライドの隅だけではなく、スライドに入れた横棒や図形のエッジを利用するのも手だ

5-03

キャプションにはトレンドがある

キャプションは外に出さずに中に入れる

▼写真につけるキャプション位置にもトレンドが

写真などの図版に添えられた説明文を、「キャプション」といいます。

実は、このキャプションの位置にもトレンドがあることを知っていますか？

キャプションは、そもそも写真の下になぞるように配置されるのがオーソドックスでした。しかし、**最近は写真の中にキャプションを配置するパターンがとても増えてきました**。写真の中にテキストが入ることで、スライド全体はすっきりとまとまり、美しく見やすいスライドになるのが特徴です。

さらに、**最新の流行りは、キャプションを写真の左上に配置する**形です。スライドで写真を使うときは、「左上にキャプションを配置する」と、見ている人はそのパターンに慣れ、スライドが進むなかでも、すぐに何の写真か理解できるようになります。美しさとともに、聞き手への心配りが表れた見せ方なので、ぜひ試してみてください。

キャプションのトレンドはこう変わった

×

オーソドックス

ブルジュ・ハリファ

写真の下をなぞるように
テキストを置く

△

**トレンドから
定番へ**

写真の中にテキストを
入れる。
大抵は写真の下側

◎

最新トレンド

写真の中に入れた
テキストを左上へ
配置した

5-04

強調部分の表現のトレンドとは

爆発型はもう古い

▼手書き風のハイライトで、邪魔にならない強調を

スライドの中で「ここを読んでほしい！」と強調したい部分がある――。そんなとき、かつてよくあったのは左ページの上図のような「爆発型」の図形を挿入する表現でした。

この手法を使うと、確かに強調したい言葉は目立ちますが、冷静になって見てみると、ちょっとやぼったいですよね？　また、爆発型の図形の端が、周囲のテキストにおよんで、文章が読みづらくなっています。

そこで、**最近よく使われているのが、下図のような手書き風のハイライト**です。これなら周囲を邪魔せず、色もうるさくないので、すっきりと、しかし強調ポイントはしっかりとアピールすることができます。手書き風の味わいが出るため、少し硬かったテキストにやわらかい表情をつけられるのもメリットです。

強調したい文言は爆発型から手書き風ハイライトに

Before

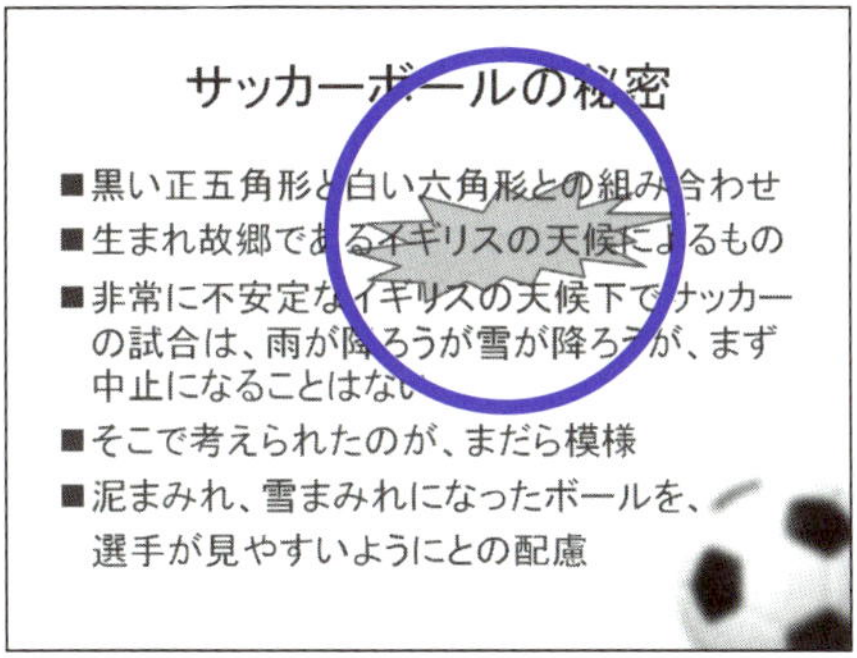
サッカーボールの秘密
■黒い正五角形と白い六角形との組み合わせ
■生まれ故郷であるイギリスの天候によるもの
■非常に不安定なイギリスの天候下でサッカーの試合は、雨が降ろうが雪が降ろうが、まず中止になることはない
■そこで考えられたのが、まだら模様
■泥まみれ、雪まみれになったボールを、選手が見やすいようにとの配慮

スライドで強調したいところに爆発型の図形を挿入した強調表現。古くさいイメージとともに、読みにくくなるデメリットがあった

After

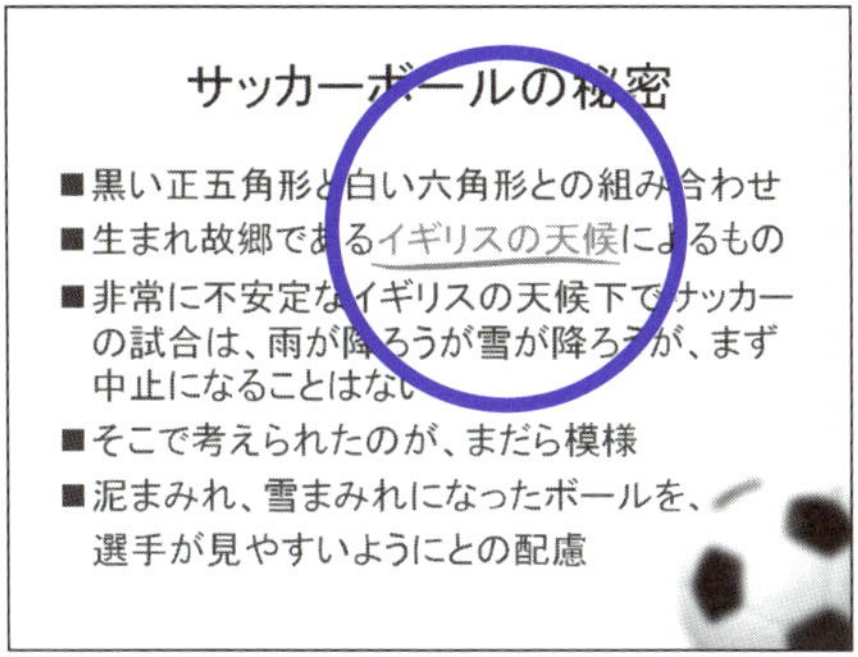
サッカーボールの秘密
■黒い正五角形と白い六角形との組み合わせ
■生まれ故郷であるイギリスの天候によるもの
■非常に不安定なイギリスの天候下でサッカーの試合は、雨が降ろうが雪が降ろうが、まず中止になることはない
■そこで考えられたのが、まだら模様
■泥まみれ、雪まみれになったボールを、選手が見やすいようにとの配慮

最新トレンドはこのように手書き風のハイライトをさりげなく入れるスタイル。すっきりと強調したいところだけを目立たせられる

ただ文字色を変えるという手法もあるが、色弱の方などは色だけの表現がわかりづらい。下線などのハイライトを選ぼう

5-05

古く見えないフォント選び

MSシリーズに代わって「游」が主流に

▼与えたいイメージに応じて、ゴシックと明朝を使い分ける

スライドの印象を大きく決める要素の一つに、フォントがあります。これまでお話ししてきた要素と同様に、フォントにもトレンドがあります。

以前は、ワードなどで標準のフォントになっている**MSゴシックやMS明朝が使われることが多かったのですが、最近では「游ゴシック」や「游明朝体」が使われることが増えてきました**。これらは前者のフォントに比べて、デザイン性が優れているのが特徴で、最近のパソコンなら、ウィンドウズでもマックでも標準装備されています。ゴシック系の「メイリオ」も悪くありませんが、今なら游シリーズが一押しです。

「やさしい」「繊細」「丁寧」な印象を出したいなら明朝系、「力強さ」「カジュアルな雰囲気」を出したいならゴシック系がよいでしょう。

フォントを混在させてもよいですが、最大でも3種類にとどめてください。フォントの種類が多すぎると非常に読みにくいスライドになります。

フォントひとつでスライドの印象は大きく変わる

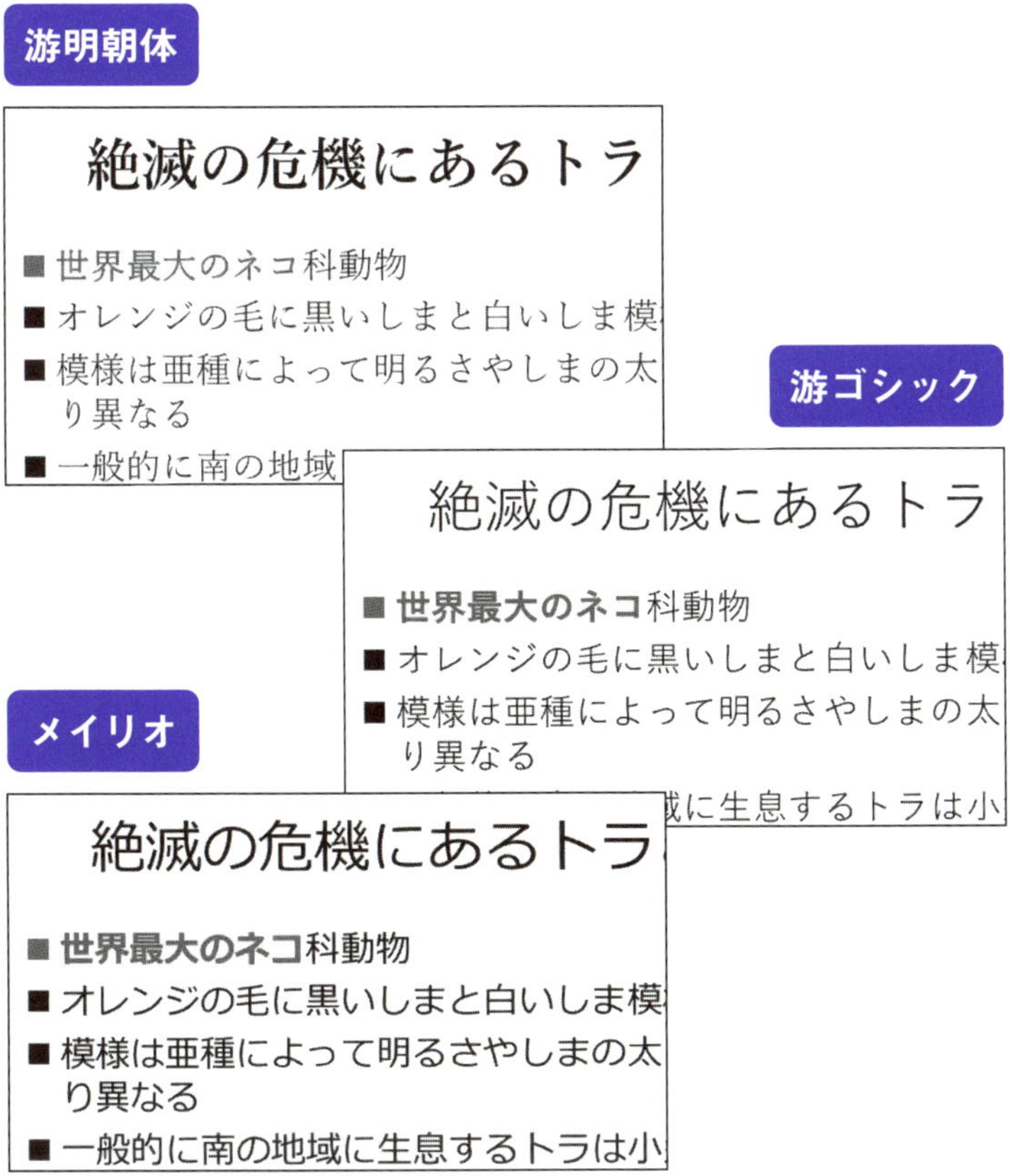

游明朝体
絶滅の危機にあるトラ
■ 世界最大のネコ科動物
■ オレンジの毛に黒いしまと白いしま模
■ 模様は亜種によって明るさやしまの太
り異なる
■ 一般的に南の地域
游ゴシック
絶滅の危機にあるトラ
■ 世界最大のネコ科動物
■ オレンジの毛に黒いしまと白いしま模
■ 模様は亜種によって明るさやしまの太
り異なる
に生息するトラは小
メイリオ
絶滅の危機にあるトラ
■ 世界最大のネコ科動物
■ オレンジの毛に黒いしまと白いしま模
■ 模様は亜種によって明るさやしまの太
り異なる
■ 一般的に南の地域に生息するトラは小

同じことが書かれていても、フォントが違うだけで、かなり印象が変わる。自分の伝えたいことにあわせて使い分けよう

5-06

手書き風フォントを使う手もある

一部分だけ使うと強く目立たせられる

▼無料ダウンロードできるので、気軽に使える

さらにフォントにこだわるなら、手書き風のフォントを使うのも手です。

最近は、無料で使える手書き風のフォントが増えています。左の「TA微妙ADD」や「りいてがきNR」「ふい字」などは、その代表です。検索サイトで検索すると、ダウンロードできるページが見つかります。

これらの**手書き風フォントは、自然でカジュアルな雰囲気のプレゼンに適しています。**また、アクセントとして一部分だけ使うと、非常に目立つでしょう。試しに使ってみてください。

ただし、あまり凝りすぎないようにご注意を。スライドの目的は、相手に自分の言いたいことを伝えること。かっこよく飾ろうとすると、かえって言いたいことがぼやけてしまうことも少なくありません。

無償で使える手書き風フォントとは?

手書き風フォントの例

TA微妙ADD_P	おすすめの手書きフォントです
りいてがきNR	おすすめの手書きフォントです
ふい字P	おすすめの手書きフォントです

例

MSゴシックを使用

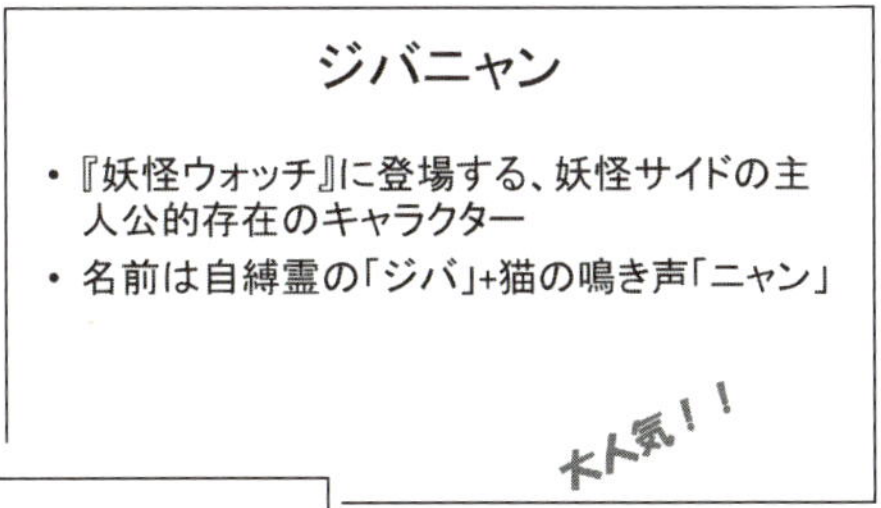
ジバニャン
・『妖怪ウォッチ』に登場する、妖怪サイドの主人公的存在のキャラクター
・名前は自縛霊の「ジバ」+猫の鳴き声「ニャン」
大人気!!

ふい字Pを使用

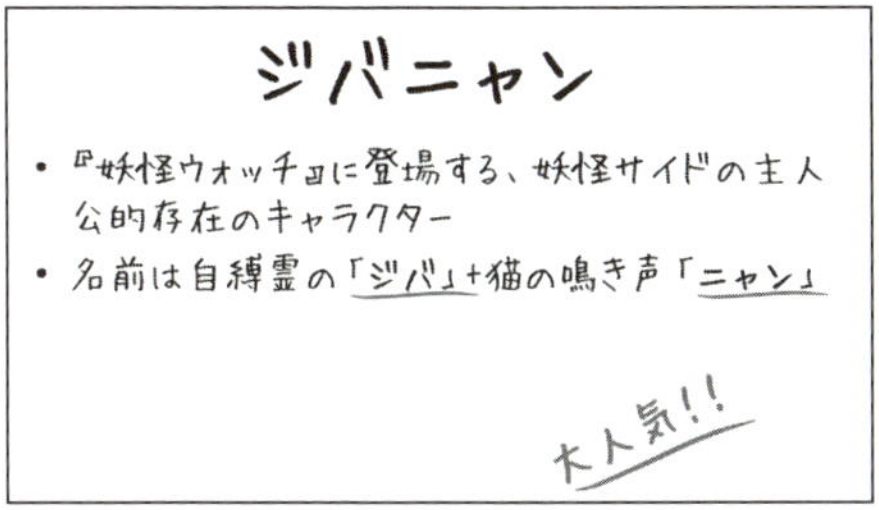
ジバニャン
・『妖怪ウォッチ』に登場する、妖怪サイドの主人公的存在のキャラクター
・名前は自縛霊の「ジバ」+猫の鳴き声「ニャン」
大人気!!

手書き風フォントを使うと、スライドの雰囲気が大きく変わる。ビジネスシーンでも、インパクトを出したいときにワンポイントで使うなら、十分活用できる

5-07

グラフにもトレンドがある

棒グラフからアイコングラフに

▼グラフィカルでありシンプルでもあるグラフを

先に述べた通り、最近は縦軸の目盛りをすべて入れたようなグラフや、原色を使ったグラフ、３Ｄ表現を使ったグラフは時代遅れとなっています。

表に縦軸は入れず、フラットな2Dのシンプルなデザインにし、色はシャーベットカラーを使います。ちなみにシャーベットカラーはシャーベットのような明るく淡い色あいのこと。これを「パステルカラー」というと、これもまた古く感じさせるので要注意です。

もっとも、このグラフの分野では、最近はまた違うものが流行っています。

棒グラフから、アイコングラフへの移行です。アイコングラフとは、たとえば、左ページの下のピクトグラム（絵文字）のようなアイコン表現を使って、グラフを作る手法。グラフそのものが人の形をしているので、説明せずとも「人数を表しているのだな」とひと目でわかるのが特徴です。まさしく「見せるスライド」を目指すプレゼンターには、ぜひ使ってほしいグラフ表現といえます。

今流行りなのはアイコングラフ!

●現在主流の棒グラフ

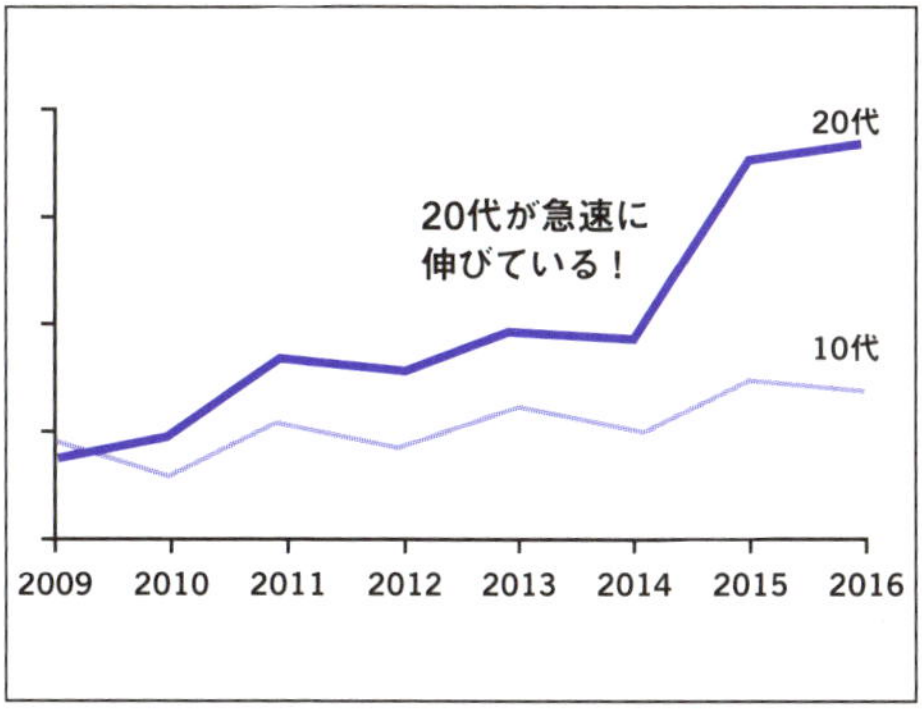

フラットデザインで、余計な縦の目盛りがないシンプルなデザイン。もちろんコレでもOKだが……

●トレンド感のあるアイコングラフ

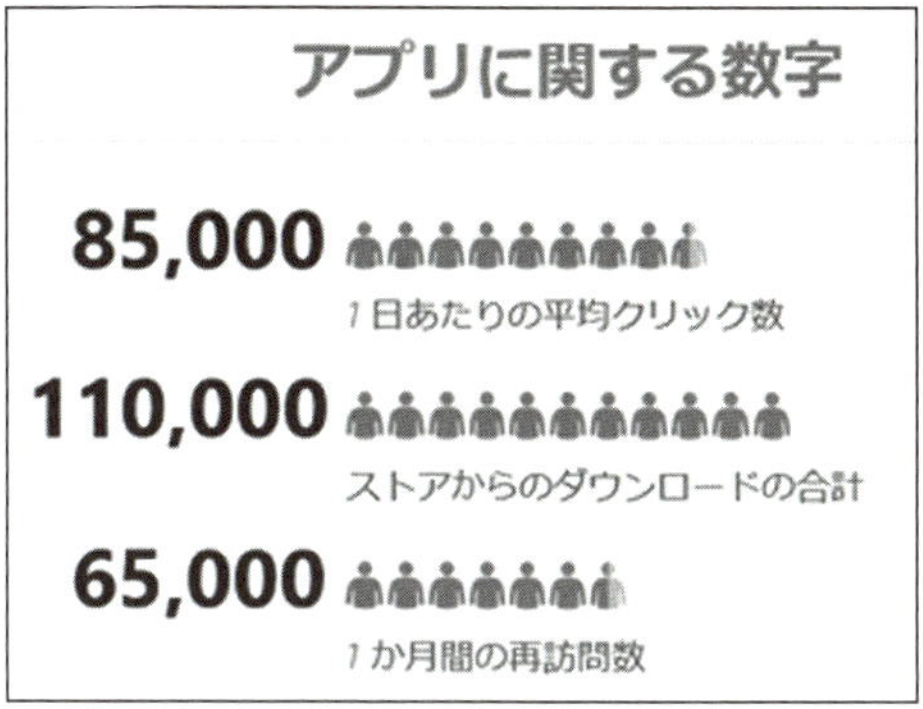

ピクトグラムなどを配してシンプルながらもグラフィカルに表現するとさらにわかりやすくなり、見る人も飽きさせない

ピクトグラフを使うにしても、色はなるべく1〜3色程度に抑えたい。アイコンも数を絞ったほうがわかりやすいだろう

5-08

アイコングラフの作り方

「People Graph」で簡単に作成できる

▼エクセルの機能を使えば簡単にアイコングラフができる

「アイコングラフは興味あるけれど、作るのが面倒くさそう……」

そう思っているかもしれませんが、安心してください。実は**アイコングラフは、エクセルの機能を使えば、簡単にできてしまう**のです。

エクセルのアプリグループの中にある「People Graph」の機能を使えば、エクセルのスプレッドシートで作ったデータを、ピクトグラムをはじめとしたシンプルなアイコンを使ったグラフに一括変換することができます。これをそのままパワーポイントのスライドに貼り付ければＯＫです。

「People Graph」の中には図形やテーマも数多くあるので、グラフにふさわしいアイコンを選んで、ぐっと見やすくわかりやすく、トレンドにそったグラフを作ってみてください。

エクセルの「People Graph」で簡単作成

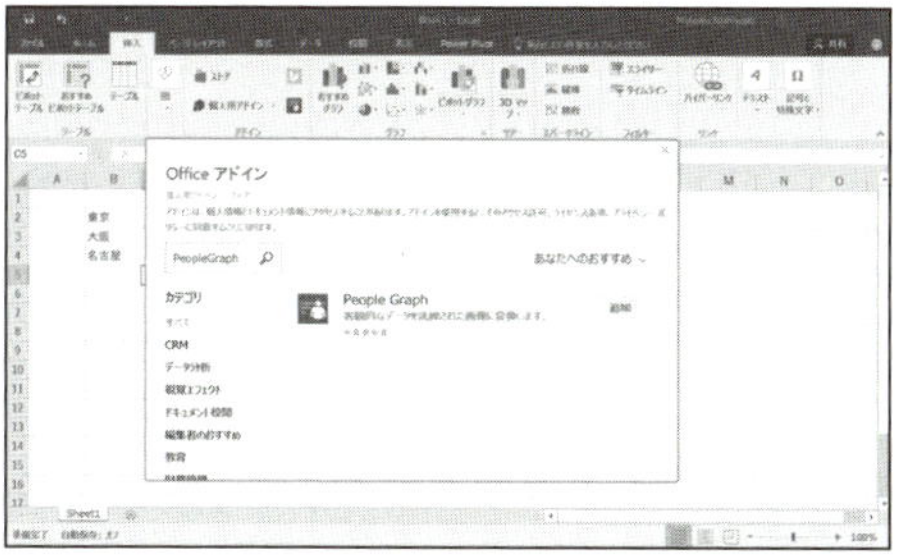

①まずはエクセル（Excel 2016）を立ち上げ、「挿入」リボンにある「ストア」から、Office アドインの「People Graph」を検索して追加

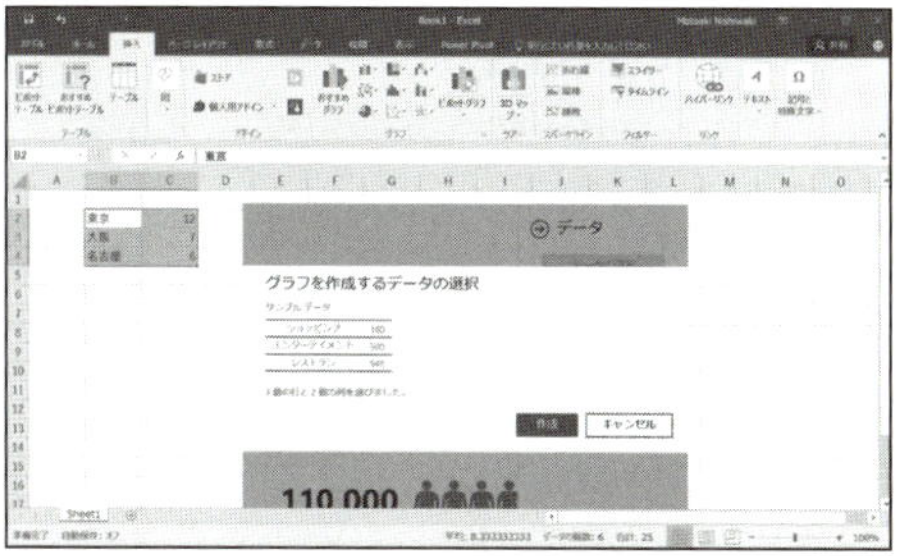

②サンプルグラフが出てくるので右上の「データ」をクリック。その後、「データの選択」ボタンをクリックし、元データとなる範囲を選択

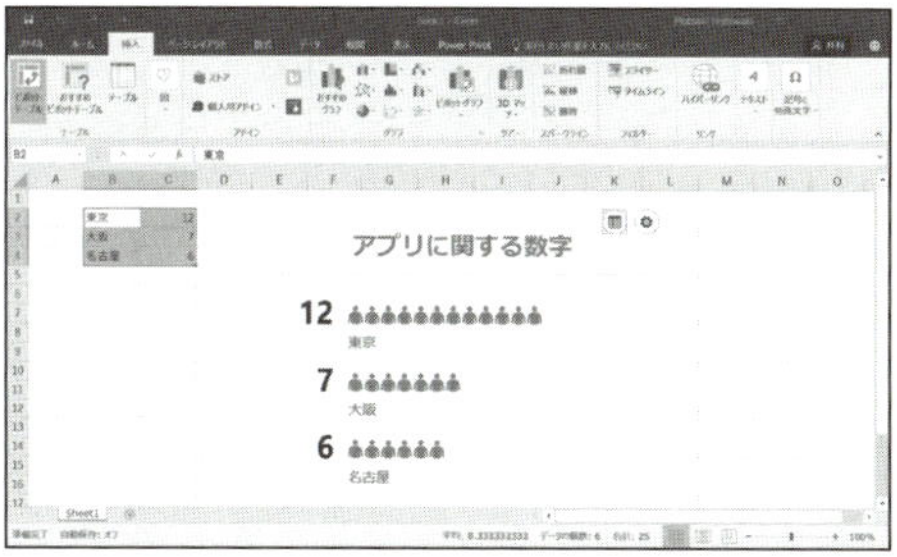

③「作成」を押せば、アイコングラフが完成！「設定」を押すと、さらに種類やテーマの変更ができるので、いろいろ試してみよう。完成したグラフは、コピーしてプレゼンスライドに貼りつければOK

コラム

スライド作りに手間をかけすぎない！

しっかりとトレンドを追いながら、わかりやすいスライドを作る——。

それは確かに大事なことです。しかし、本書でお伝えしたスライドの作り方を盛り込もうとして、5時間も6時間もスライド作りに時間がかかるようでしたら、それはやめたほうがいいでしょう。

本書でお伝えした内容は、基本的には5分、10分でできることばかりです。あまりに時間がかかりすぎるのは、時間をかけすぎている、ということ。スライドはシンプルでコンパクトなものがいい。同様に、スライド作りもシンプルでコンパクトにまとめることを意識しましょう。

またシンプルという意味では、パワーポイントのアニメーションも極力使わないほうがいいでしょう。実際のプレゼン中に、「あれ、どうやって動かすんだっけ？」などと戸惑う、事故のリスクが高いからです。

第６章

プレゼン中の魅力的な話し方

6-01

プレゼンでの声の出し方

聞こえないほど小さな声では何も伝わらない

▼プレゼンターのトークの基本は、大きな声が出る腹式呼吸

プレゼンテーションでアナウンサーのようにきれいな発声で話す必要はありませんが、聞こえないほど小さな声で話すのは問題です。声が小さければ、いかにも自信がないように見えるので、紹介している商品やサービスそのものの魅力も薄れます。もっとも、そもそも聞こえなければ、何をプレゼンしているのかすら理解できないかもしれません。

声が小さい人の大半は、胸式呼吸で発声しています。それに対してアナウンサーや歌手をはじめ、人前で声を発する仕事をしている人は必ず腹式呼吸で発声しています。腹式呼吸には、大きな声が出る以外に「声帯に負担をかけない」「音域が広がる」「息切れしにくい」など様々なメリットがあるからです。

腹式呼吸の感覚がよくわからないという人は、仰向けに寝てお腹に手をあててみるとわかりやすいでしょう。人間は寝ているときは腹式呼吸をしているからです。息を吸うとお腹がへっこみ、吐くと膨らみます。まずは、この感覚を覚えてください。

プレゼンの基本は腹式呼吸

腹式呼吸をしてみよう

① まずはリラックス。膝を立てて仰向けになる。胸と腹にそれぞれ手を添えておく

② 鼻から息を吸い込みながら、それを腹に送り込む。手でお腹が膨らむのを感じる

③ 今度はお腹をへこませながら、口からゆっくりと息を吐いていく。このときに声を出す！

腹式呼吸に慣れていない人も、毎日少しずつ上のような練習を繰り返すうち、できるようになる。結果、音域が広がり、堂々とした声が出るようになる

6-02

棒立ちしないで動こう

聞き手の集中力が落ちないように動いて視線を移動させる

▼体を動かす前に視線を動かす。それが期待感を高める

日本人の多くはジェスチャーなどのボディランゲージが苦手です。プレゼンターの大半は演台の後ろで棒立ちになっているのではないでしょうか？　しかし、この棒立ちのプレゼンが聞き手の眠気を誘います。一点を見る時間が長いと、人の集中力は著しく落ちるからです。聞き手の集中力を落とさないため、プレゼンターは定期的に動きましょう。

動く前にまずこれから移動しようとする方向に自分の目線を移動させる、という動きをするのです。すると聞き手の視点も一緒に動きます。聞き手は、「これから何か新しい展開が始まる」と期待が膨らむし、プレゼンターから語りかけられているという気分も盛り上がります。そのタイミングで、先に目を向けた目線のほうに体を移動させれば、全員の目線が新しい場所に固定されます。これで再び聞き手の集中力が戻ってくるわけです。もう一つのコツは大きく動くこと。**自分がイメージする1・5倍くらい大きく動くとちょうどいい**でしょう。動きが小さいと、「落ち着きがない」ととられてしまうこともあります。

プレゼンターは定期的に動くべき

聞く人を飽きさせない「動き方」とは？

Step 1 これから向かう方向に視線を動かす

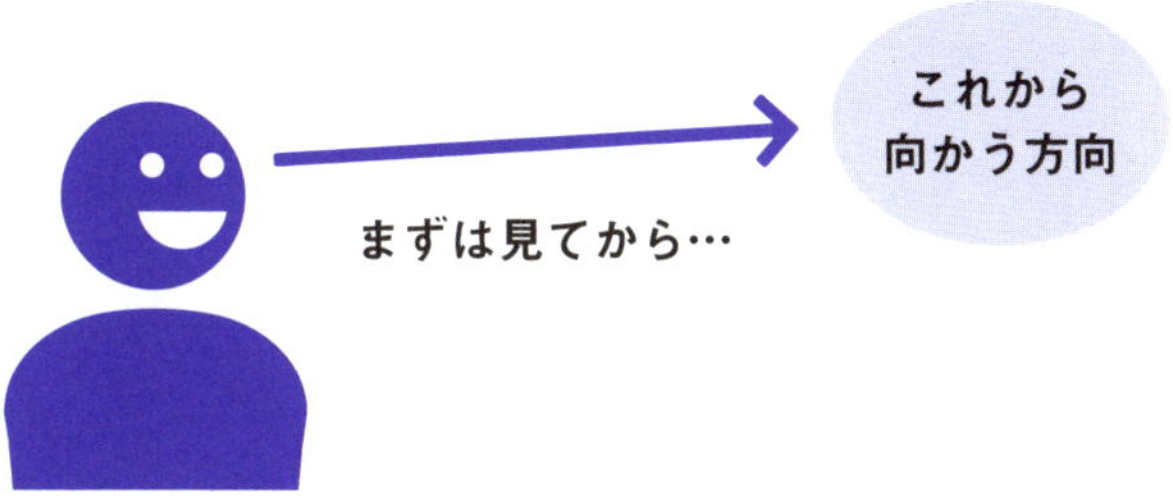

Step 2 目を向けていたほうに体を動かす

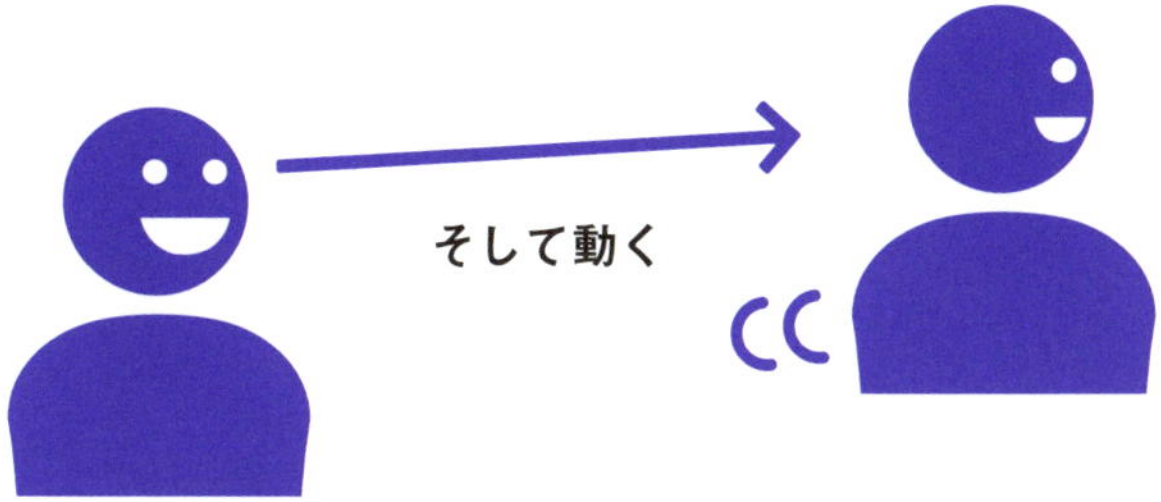

よくプレゼンターは「聞き手に目線を向けよ」といわれるが、要所要所で見る程度でOK。むしろ目線も動かし、聞き手を飽きさせない工夫をしよう

6-03

プレゼンでの手の動かし方

今日から実践できる「手と指を使うアクション」

▼基本姿勢は、おへその前あたりで手を組む

「棒立ちプレゼン」から脱却するうえで、ぜひ試してほしい、とても簡単で、かつ効果的なボディランゲージがあります。「手」によるアクションです。

日常の中でも、たとえば腕を組んだ人は「高圧的」に見えるし、自分の顔や髪をやたらと触っている人は「自信がない」ように見えますよね。このように「手」は様々な印象を与えるので、意識的に使えば「感情」や「態度」を効果的に表現できるのです。慣れないうちは、まず、**おへその前あたりで手を組む「基本姿勢」から始めるのがよい**でしょう。聞き手の人々に安定感のある印象を与えられます。それができたら、組んだ手を胸のあたりまでもっていってみましょう。すると「何かを始めるぞ」という雰囲気を醸し出せます。トークを始めたり、本題に入るときなどに実践すれば効果的です。この姿勢を起点に、話にあわせて手を動かします。たとえば「私たち」と言うときには胸に手をあて、「お客様」と言うときには聞き手に手を差し伸べる。これだけで、かなり臨場感が出てきます。

プレゼンでの手の動かし方

「手」の動きだけで感情豊かに——

へその前で「手」を組む

「安定感」「丁寧さ」などをイメージさせる。基本姿勢に！

「両手」を腰にあてる

「説得」「説明」「解説」「自慢」などを印象づける

胸の前で「手」を組む

「お願い」「お詫び」「本題」「丁寧」「賞賛」などを表現する

身体の前で「手」を動かす

「活発さ」「ダイナミックさ」を演出できる

手の動きは「感情」を表し、プレゼンを生き生きさせるための大切なツール。プレゼン中は、左上のへその前で組むスタイルを基本姿勢にしつつ、意識して動かそう

▼示すときには指を使う

「手」の使い方を覚えたら、その先の「指」にも注意をはらってみましょう。

たとえば「いま私たちは5Fにいます」というときには指を5本立てる。「こちらのサービスを利用しているのはA社、B社、C社」と複数の社名を挙げたときは、それにあわせて指を折り曲げる、といった具合です。このように指を使えば、聞き手は、無意識のうちにプレゼンターに注目します。**数字など、具体的な情報がある場合は、指を使うとさらに効果的に印象づけられます。**

これまでと違う「動き」に視線が動かされて、再び集中力を持続させられますし、下を向いていた聞き手が顔をあげる可能性もあります。

また、視覚に訴えることで、前述のA社、B社と指を折り曲げたケースでは数の多さを具体的にイメージしやすくなります。注意したいのは、手や指を使うときの高さ。聞き手に見やすい高さを意識して、アクションをみせましょう。目安は自分の顔の位置、もしくは、それより上です。

一方、音は人の意識を覚醒させる作用があるので、強調したいことがあるとき、中だるみしてきたときなどに、「さあ、いよいよ本質に入ってきました」などと言いながら手をパンと叩くプレゼンターもいます。効果的ですが、実行するにはなかなか勇気がいります。プレゼンに慣れてきたら、ぜひ挑戦してみてください。

具体的な情報を示すときには指を使う

「指」だからできる具体化力

●数を強く印象づける

「シェアはナンバー1です！」など、トークの中で数字が出たときに、その数字と同じ数を指で示す

●数の多さを増幅させる

「弊社を採用しているのはA社、B社、そしてC社……」と数の多さをアピールしたいなら、数えながら指を折ると効果的

小さな子供に「いま何歳？」と聞くと「3歳！」などと指で示しながら教えてくれる。あの素直な「伝えたい」気持ちを思い出そう

6-04

プレゼンの視線に注意

聞き手にずっと視線を向けている必要はない

▼接続詞が出てきた段階で聞き手に視線を向ける

「視線は聞き手のほうに向けるようにしましょう」

こんなアドバイスをしているプレゼンの解説本は少なくありません。しかし、実際にやってみると、相当の熟練者でも困難です。こちらを見ている人と目があうと、緊張してしまうからです。だから、最初から「じっと聞き手を見る」ことはあきらめましょう。理想は「3対7」。**プレゼン中の3割は聞き手を見て、7割はプレゼンシートや別の場所を見ましょう。**それくらいのバランスで十分だと考えて、視線の割り振りをしましょう。

では、どんなタイミングで聞き手を見ればいいのでしょうか。オススメしたいのが接続詞のタイミングです。「マーケットは順調に拡大してきました。ところが（目線をあげる）」「この技術で成長してきました。さらに（目線をあげる）」「ここまで説明しました。最後に（目線をあげる）」といった続きが気になるタイミングで顔をあげて聞き手の顔を見ます。すると聞き手に対して、「こちらを見て話している」と印象づけることができます。

プレゼンの視線

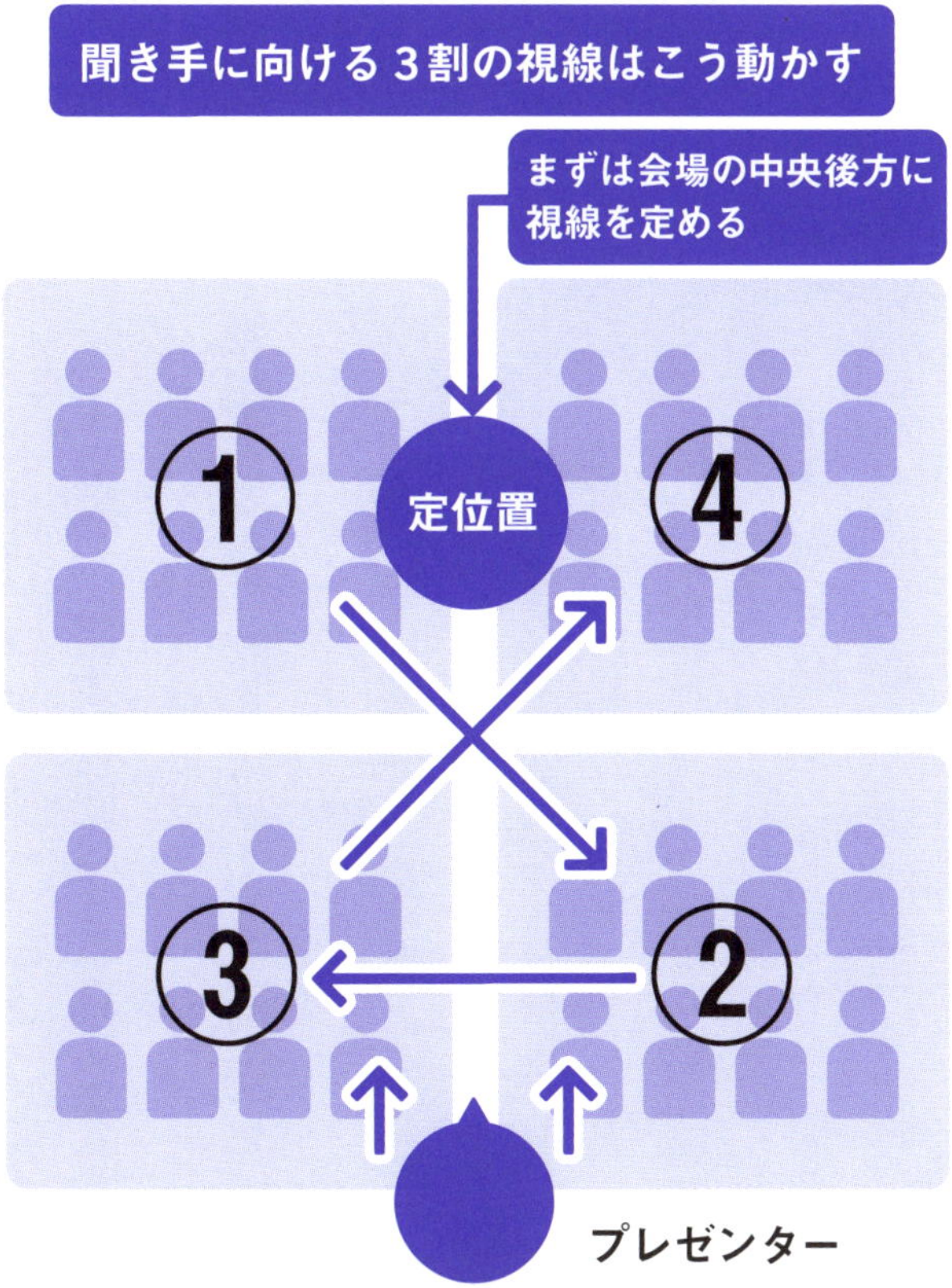

３割をあてたい会場への視線は、上のように動かすと会場全体を包み込むように、落ち着いて話しているように見える。余裕が出てきたら試したい

6-05

話すスピードはどのくらいが適切か

1分間に話す目安は300文字から350文字

▼制限時間にあわせて原稿を読み、話すスピードの目安を体験する

緊張すれば、人間はどんどん早口になります。ですから、プレゼンターに対して「できるだけゆっくり話そう」というアドバイスがなされるわけです。具体的には、どれくらいの速さで話せばいいのでしょうか。

アナウンサーの話すスピードなどを参考に、**一般には1分間に300文字から350文字読み上げるくらいのスピードが適当だと言われています**。もっとも、そんな文字数を言われても、ピンとこないでしょう。まずは実際に300文字~350文字の原稿を用意し、録音しながら自分のペースで読んでみてください。タイムを計って、どのくらいの速さで話しているかを認識したら、タイマーにあわせて適度な速さで読む練習をしましょう。

もし、「この人の話すテンポが気持ちいい」と思えるアナウンサーやコメンテーターなどがいれば、録音して原稿に書き起こし、同じテンポで読む練習をするのもいいでしょう。話のセンスや知性の高さなど、テンポのほかにもいろいろ気づくはずです。

適切な話すスピード

1分間で読んでみよう

下の文章は345字。これを1分で読み上げてみよう。そのスピードが、プレゼンのときのノーマルなテンポ。このスピードを基本に、緩急をつけたり、個性をつけたりしよう

ご存知の通りイギリスという国は大変自由を尊ぶ国であります。それほど自由を愛する国でありながら、またイギリスほど秩序の調った国はありません。実をいうと私はイギリスを好かないのです。嫌いではあるが事実だから仕方なしに申し上げます。あれほど自由でそうしてあれほど秩序の行き届いた国はおそらく世界中にないでしょう。日本などはとうてい比較にもなりません。しかし彼らはただ自由なのではありません。自分の自由を愛するとともに他の自由を尊敬するように、子供の時分から社会的教育をちゃんと受けているのです。だから彼らの自由の背後にはきっと義務という観念が伴っています。England expects every man to do his dutyといった有名なネルソンの言葉はけっして当座限りの意味のものではないのです。

『私の個人主義』（夏目漱石）より

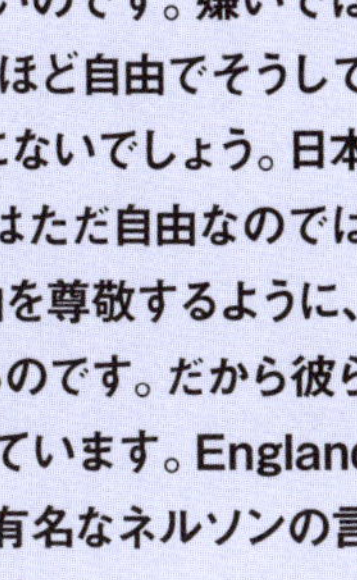

6-06

緊張をやわらげるテクニック

もっとも緊張するのは50～100人規模

▼落ち着きが戻ってくる深呼吸

どれだけベテランになっても、聞き手の前に立つと緊張するものです。もっとも、人数が多ければ緊張が高まるというわけでもありません。数千人規模の人がいれば人の顔など見えないので、誰が何をしていても気になりません。もっとも緊張するのは50～１００人規模のプレゼンです。これくらいの人数だと、ひとりひとりの顔が見えるからです。寝ている人やスマホをいじっている人などを発見すると緊張感が高まっていきます。

それでは、緊張感が高まってきたときにはどうすればいいのでしょうか。**オーソドックスですが、深呼吸が非常に有効**です。緊張しているときは、大抵、呼吸が浅く速くなっているからです。呼吸が浅ければ、息がつまり、ますます緊張していきます。そこで、呼吸を整えようというわけです。やり方は、まず、先に息を全部吐き切ります。それから大きく息を吸い込むと確実に落ち着きが戻ってきます。深呼吸をするときには、「ちょっと深呼吸させてくださいね」と一言断ればＯＫです。

緊張をやわらげるテクニック

緊張の原因である不安を取り除くには？

●緊張していることをカミングアウトする

「今日はこれほどの大勢の方に来ていただきまして、
　はっきりいって緊張しまくっています！」
「失敗したら笑ってやってください。けれど、がんばります！」

むしろ自分が緊張していることを正直に主張することで、
「失敗したくない」「かっこつけなければ」という
“鎧《よろい》”を脱ぎ捨てられる

●まったく違うことをして発散する

「このマイク、すごくいい音がしますねえ」
「久々にこちらの地域にうかがいました。懐かしいですねえ」

自分の責任の範囲外にある話をすることで、
いったん肩の荷をおろす。
それだけでふと心がリラックスするはず。お試しを

●モノに触れる

目の前の資料や、筆記用具、マイクなどを手にすることで
安心感が生まれる。一番いいのは演台などの動かないけれど
大きなもの。それに触れるだけでどっしりと心が落ち着く

▼熱心に頷いてくれるペースメーカーを見つける

もうひとつの緊張対策は、これもまたオーソドックスですが、**聞き手の中から自分の話を熱心に聞いている人を見つける**ことです。

50人から100人もいれば、そうした人は1人くらいはみつかるものです。重要な話をすれば大きく頷《うなず》いてくれるし、ジョークを言えば笑ってくれる。これだけで自信が湧き、緊張はほぐれていきます。このような好意的な反応をしてくれる人をペースメーカーと呼ぶことがあります。

プレゼンターに限らず、落語家でも、司会者でも、まずはペースメーカーを探すという人は少なくありません。ペースメーカーを見つけたら、今度は、その人のために心をこめて全力でプレゼンをします。そうした心をこめたプレゼンをしているうちに、プレゼンの腕前はあがっていきます。上手になれば、熱心に聞いてくれる人は自然に増え、ますます自信がつくという好循環がはじまります。

しかし、ペースメーカーを見ようと視線を動かしたときに、寝ている人などがチラリと目のはしにでも入ってくると、たちまち緊張感が高まります。プレゼンの解説書の中には、聞いていない人の関心を引き付けることを重視しているものもありますが、よほどの上級者でもない限り、そんなことを考えるどころか、意識する必要もないと思います。そんな人を意識すれば、より緊張感が高まり、良いプレゼンにはならないからです。

熱心に聞いてくれる人を見つける

ペースメーカーが作る好循環

話す

↓

ペースメーカーが頷く

↓

自信が出て気持ちがのってくる

↓

もっと頷く

↓

さらにのってきて、饒舌になる

↓

頷く人が増える

ペースメーカーを見つけたらロックオン。その相手に伝わるように話すうち、自然と気分がのってきて、プレゼントークに磨きがかかってくる

6-07

自己紹介のテクニック

自分の名前を2回言って印象づける

▼名前と会社、名前と肩書きをセットで覚えてもらう

プレゼンの最初にするのが自己紹介ですが、みなさんはどのように自己紹介をするでしょう。「こんにちは。マイクロソフトの西脇です」。こんな感じではないでしょうか？　それでは印象に残らないし、聞き逃されたらアウトです。オススメしたいのは「みなさん、こんにちは。西脇です。マイクロソフトのエバンジェリストをしている西脇です」と、**自分の名前を2回繰り返すやり方**です。理由は二つあります。1つは自分の名前を覚えてもらうためです。「マイクロソフトの西脇」とだけ言ったら、知名度が高い「マイクロソフト」に引っ張られ、「西脇」の名はすぐに忘れられてしまいます。帰りは恐らく「マイクロソフトの誰かに話を聞いた」になってしまうでしょう。

もう1つは、「マイクロソフトのエバンジェリストの西脇」と、会社や肩書きとセットで覚えてもらうためです。セットで覚えてもらえれば、「西脇はこんな人物」だと聞き手の記憶に残ります。このように自己紹介にも、ぜひ気を配ってください。

自己紹介のテクニック

自分を効果的に印象づける「2度名乗り法」

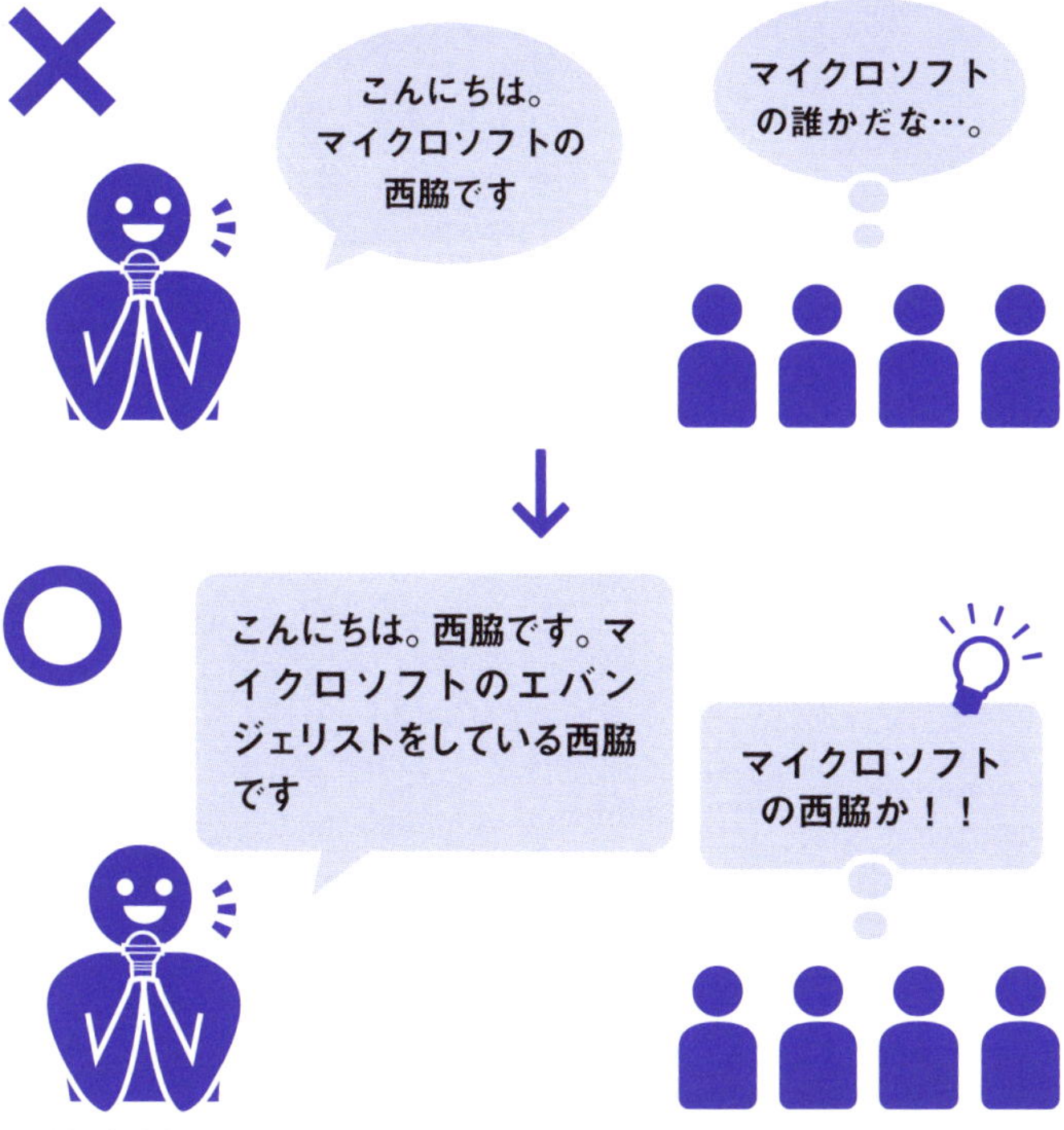
×
こんにちは。マイクロソフトの西脇です
マイクロソフトの誰かだな…。
○
こんにちは。西脇です。マイクロソフトのエバンジェリストをしている西脇です
マイクロソフトの西脇か！！

名前ごとしっかりと覚えてもらうには、自己紹介でもこんな気配りが必要。注目を集めるプレゼン巧者は意外とやっている手だ

6-08
最初と最後の言葉の重要性
良い第一声にするポイントは言いよどまないこと

▼「終わりの言葉」をあらかじめ決めておく

プレゼンの第一声は、これから始まるプレゼンのイメージを決定づけます。明るくはっきりした口調でスタートすれば、悪い印象は与えません。「いいプレゼンになりそうだな」と思ってもらえれば成功です。一方、冒頭でまごついたりして第一印象が悪くなれば、プレゼンの間中、悪いイメージに引きずられます。一度抱かれたイメージを挽回することは容易ではありません。ですから、第一声は、言いよどまず明るく話せるように、あらかじめ何を言うか決めておくべきでしょう。多くの人は、ここに自己紹介をあてています。

実は、最後の言葉も第一声と同じくらい大切です。仮にプレゼン全体は順調に進んでいたとしても、尻切れトンボのような終わり方になるとプレゼン全体の印象が悪くなります。人には最後の言葉や出来事のほうがより印象に残る「近接効果」という心理作用があるからです。悪い終わり方になるのを防ぐために、**あらかじめ「最後の言葉」を決めておきましょう**。裏を返せば、最後をきちっと締めくくるだけで印象はよくなります。

最初と最後の言葉の重要性

試してみたい「最初」と「最後」の言葉

最初の言葉の例

「みなさん！」

「はじめまして！」

「はい！」など

最後の言葉の例

「ご清聴ありがとうございました」
「お時間いただき、ありがとうございました」
「明日から、早速皆様のお役に立てることを願って、
プレゼンを終わります」など

最初の言葉と最後の言葉は必ず決めておきたい。気分的にもプレゼンのスイッチがオンとオフになるようなおまじないにしておくといいだろう

6-09

最初に行うべき時間の宣言

忙しい聞き手のストレスをやわらげ時計を見るのを防ぐ

▼プレゼン時間を短く感じさせる表現を使う

良いプレゼンにするためには、**初めに終了時間について触れておきましょう**。聞き手の大半は、忙しい仕事の合間を縫って参加しています。そんな中で終了時間が分からないと時計をチラチラ見るからです。こちらも気になるし、聞き手も話に集中できません。それに対して時間を告げれば、この時間だけ集中しようといったマインドを持ってもらいやすくなります。「このプレゼンは19時に終わる予定です」といった具合です。

加えて、**時間の表現も大切**です。「長いな」と思うと、人は途端に集中力が落ちるものだからです。そこで、2時間なら「120分」、1時間半なら「90分」と分単位で表現することがおすすめです。また、120分を「100分と少し」、90分を「100分を切る」くらいと表現する手もあります。「30分弱」「30分強」といった表現も短く感じます。「この点について補足させてください。5分弱で終わります」。このように、合間合間でも時間の宣言をすれば、聞き手が時計をチラチラ見るのを防げます。

時間の宣言は最初に行う

なるべく短く感じさせる「時間の告げ方」

1時間半　→　90分
7分　　　→　5分ちょっと
2時間　　→　100分と少し
etc

今から100分を切るくらいのお話をさせていただきます！

「長いな」「まだかな」と思わせないことがスムーズなプレゼンの裏ワザ。時間の長さを伝えるときもちょっとした工夫をすることで「短い」と感じてもらえる

6-10

つかみをやってみよう

5分から10分で気持ちをつかむことが理想

▼ツイッターでローカルなネタを仕入れる

大勢の前でプレゼンをする場合は、冒頭に「アイスブレイク」、いわゆる「つかみ」を入れたいものです。冒頭5分から10分で気持ちをなごませ、聞き手の気持ちをつかむことが理想です。それによって聞き手は聞く態勢を整えるわけです。

「けれど、そんな芸人のようなつかめるネタがない……」という方も安心してください。**アイスブレイクのネタ探しでおすすめなのはツイッター**です。「プレゼン先の社名」「プレゼン先に関連する人名」「プレゼン先の地名」などをキーワードにツイッター検索をかけます。すると、かなりローカルな話題をひろえます。身近な話題や地域に密着したローカルなネタの共有は連帯感を生み出しやすく、聞き手との距離がぐっと縮まります。

たとえば、「こちらの会場のすぐ近くのお弁当屋さん、テレビで紹介されていましたね」といった話をすると一気に会場の空気が変わるものです。一方、下ネタはNG。ビジネスの場ではまず印象が悪くなります。笑いを狙うなら自虐ネタで切り抜けましょう。

聞き手の気持ちをつかむのに有効な「つかみ」

つかみで使えるテッパンのネタ

●ツイッターで拾った、旬のローカルなネタ

「実は、この会場の近くにある○○というラーメン屋さんの新作ラーメンがおいしいと聞いて、今日はプレゼン後に行くのを楽しみにしています。みなさんもどうですか？（笑）」
「昨日、ちょうどこちらの会社の前で、ドラマのロケをやっていたみたいですね」

●笑いを狙った自虐ネタ

「最近、体重がなかなか減らなくて困っているのですが、今日はみなさんがお困りのコストを減らせるお話をしたいと思います」
「ご覧のとおり、実は髪が少し薄くなってきたのですが、本日は濃いめの話をさせていただきます」

アイスブレイクではずさないネタは、聞き手の身近な関心事と、笑い話。気負わず、さらりと、そして必ず微笑みながらさわやかに言い切ろう

6-11

会場の雰囲気をつかむ「さぐり」

聞き手の雰囲気を探るために質問を利用

▼質問を投げかけることで相手の意識を活性化する

つかみの目的は、前ページで述べたように、プレゼンの冒頭で空気を和ませ、「この人の話を聞こう」とする雰囲気をつくることでした。それに対して、**「さぐり」は、聞き手の雰囲気をつかむために質問を投げかける手法**を意味しています。お笑いの世界や芸能界で盛んに使われる手法です。もっとも、お笑いの世界では「客いじり」に使われていますが、ビジネスの世界で客いじりはNG。非常に失礼な行為にあたります。こちらが一方的に話すのではなく、聞き手とやりとりするための手法として使うのがいいでしょう。

たとえば「関東圏以外からお越しの方は、どのくらいいますか?」と挙手してもらったり、「こちらでお話しするのは何回目でしたっけ? たしか5回目ですね」と自分で答える手法もあります。さぐりには、「相手の意識を活性化させる」という目的もあります。だから、必ずしも回答を引き出すことにこだわる必要はありません。また、さぐりには聞き手に「このプレゼンテーションの参加者である」という意識を植え付ける効果もあります。

会場の雰囲気をつかむ「さぐり」

こんなさぐりで空気をつかもう！

●質問型

「今日はインターネットに関するお話をしますが、
一つ質問よろしいですか？　ＰＣではなくスマホでネットを見るという方、手をあげていただけますか？」
「今日、この会場に来る前にＳＮＳで投稿された方、
いらっしゃいますか？」

いわゆるコール＆レスポンスの状態を生み出すことで、
会場に一体感が生まれ、独特の緊張感も醸し出せる

●自問自答型

「あれ、もう雨はあがりました？　あがったみたいですね」

「そろそろオリンピックが楽しみになってきましたよね？

皆さん観たいのはサッカーですかね？

陸上のほうが楽しみな人が多いかな？」

いらっしゃいますか？」

実際に答えを引き出さずとも、質問型のトークをすることで
聞き手の参加意識をくすぐることができる

6-12
プレゼン中の言葉は顧客目線で
販売者の目線ではなく消費者の目線で語る

▼雰囲気を台無しにする専門用語の乱用

プレゼンをする上でもっとも気を付けたいのは、**「自分目線」ではなく「聞き手目線」**を意識した言葉遣いをすることです。

たとえば9月に発売予定の化粧品を販売するとき。販売者の目線なら「店頭に並ぶのは9月からです。ぜひお買い求めください」となりますが、消費者の目線なら「お試しいただけるのは9月から。ぜひきれいになってください」となります。消費者相手のプレゼンであれば、消費者目線の動詞に置き換えたほうがはるかに心地よく響くはずです。

もうひとつ注意したいのは、社内で使っている専門用語の乱用です。たとえば外資系企業は社内で横文字が飛び交っているので外部でも横文字を使いがち。そもそも肩書きが横文字です。マネージャーとかディレクターといわれてもピンとこないでしょう。プレゼンでわからない言葉があれば聞き手の思考はそこで止まってしまいます。下手をすれば、横文字や専門用語ばかり使って気遣いがない人だと思われるかもしれません。

消費者の目線で語る

「自分目線」ではなく「聞き手目線」で！

×

「自分目線」の場合

今日はこちらの枝豆についてお話しします。品種は『くろさき茶豆』といいます。だいたい8月上旬から収穫しますので、8月下旬にはお届けできます。ぜひ、『くろさき茶豆』をお買い求めください！

○

「聞き手目線」の場合

今日はこちらの枝豆についてお話しします。品種は『くろさき茶豆』といいます。だいたい8月上旬から収穫しますので、8月下旬にはみなさまに味わっていただけると思います。ぜひ、『くろさき茶豆』をお楽しみください！

同じ枝豆についてプレゼンをしたにも関わらず、プレゼンターの目線の違いがちょっとした表現に表れる。聞き手の印象は大きく変わる

6-13

事実を伝えたら意見も伝えよう

こちらの思惑に聞き手を誘導する

▼上級の技：意見を先に述べ、後から事実を言う

繰り返しになりますが、プレゼンの目的は「相手を動かす」こと。**プレゼンがうまい人は「ファクト（事実）」に「オピニオン（意見）」を付加することで「なるほど、この事実はこう解釈するのか」と、聞き手の考えをプレゼンターが望む方向に誘導します**。一方、プレゼンが下手な人は、単なる事実を伝えるだけに終始。聞き手に何の変化も及ぼしません。それでは、どのようにしてファクトにオピニオンを追加すればいいのでしょうか。

たとえば飲料水の好感度調査で、「大嫌い」という回答は3％だったとしましょう。「たった3％なので度外視していいでしょう」。あるいは、あるスポーツの事故の被害額の平均が1億円だったとしましょう。「そのリスクに備えるための提案をもってきました」……。このように事実をあげ、それに意味づけをしていくのが、オピニオンを付加する力です。さらに上級者になると、ドキドキするようなオピニオンを先に言って、聞き手の関心をプレゼンターにしっかり集めたところでファクトで立証するといった技を使います。

こちらの思惑に聞き手を誘導する

“ファクト（事実）”＋“オピニオン（意見）”を意識して、順序を設定する

ファクトにオピニオンを付加するときには、この二つの論法が基本！

- この事実（ファクト）からこう推測されます（オピニオン）
- この考え（オピニオン）は、この事実に基づいています（ファクト）

たとえば——

「7％（ファクト）というわずかな確率ですから、気にすることはありません（オピニオン）」

「とても重大なことです（オピニオン）。4億円（ファクト）という大変な金額がかかってしまいました」

6-14

常に引用を意識し相手を引き込もう

断片的な情報が聞き手を動かす「有利な文脈」になる

▼事実の捉え方をプレゼンターが誘導できる

初心者がプレゼンで「相手を動かす」ために、ぜひとも使ってもらいたいテクニックが「引用」です。「冒頭、お伝えしたように……」「先ほどご紹介しましたように…」などは、プレゼンでよく使われる引用です。**引用を使えば、前の話に触れた後、次の話に入るので、断片的な情報に文脈が生まれます**。箇条書きのようなそっけない文章につながりが生まれ、流れるようなストーリーになるイメージになり、聞き手のストレスを軽減できます。

引用のテクニックを使うなら、まず事実をどのように見せたいか考えましょう。聞き手が同じ会社の社員であれば、「A社にお勤めのみなさんなら、当然、チェック済みだと思いますが」「御社の社是にもあるように」などといった引用が効果的でしょう。

また「ここに集まっているみなさんと同様に、私も同じ○○です」と共通点を引用すれば、聞き手はプレゼンターに親しみを感じるし、自分たちを尊重しているといった印象もうけます。このように引用は目的に応じて様々な使い方ができるのです。

事実の捉え方をプレゼンターは誘導できる

「引用」を使えば、聞き手の興味を引き寄せられる

引用の様々な例

私は学生時代からバレーボール選手として活躍してきました

＋引用！ →

私も先ほどの方と同じように、学生の頃からバレーボール部でした

私はめずらしく子供の頃から、クリケットが趣味でした

＋引用！ →

私はみなさんをはじめ、多くの日本人が経験ないであろうクリケットを子供の頃からやっていました

ちょっとした「引用」のテクニックを使うことで、聞き手とトークの内容の接点が嫌味なく生まれ、興味をもってもらいやすくなる

6-15

数字をどう表現すれば伝わるのか

100ミリリットル？ それとも1週間分？

▼聞き手の感覚に立って表現方法を考える

説得力があるプレゼンを行うためには、数字の活用が欠かせません。しかし、数字の使い方にはちょっとした注意が必要です。たとえば250キロカロリーをカットしたビールがあるとしましょう。しかし、「250キロカロリーカットのビール」などと表現しても、ピンとくるのは栄養士やダイエットでカロリー計算したことがある人くらいでしょう。大半の人はピンとこないのです。ですから、フィットネスクラブにあるエルゴメーターなどのフィットネス器具の表示板には、運動後の消費カロリー表示と並んで、フライドチキンやコーラなど、そのカロリーに相当する食品の絵が表示されるわけです。化粧品やサプリメント等では容量や粒数に加えて「何日分」もしくは「何回分」、距離を表すならキロ数とともに「所要時間」、大きさを表すなら面積と共に「東京ドーム何個分」などと、**聞き手目線のわかりやすい表現を選んで使うとぐっとわかりやすくなります**。数字を使う前に、聞き手は、その商品やサービスをどう使っているのかを考えてみましょう。

聞き手の感覚に立って表現方法を考える

聞き手目線の「数字」を使おう

× 自分目線		○ 聞き手目線	
容量 280 ml	→	10 日分	
面積 15 ha	→	東京ドーム 3 個分	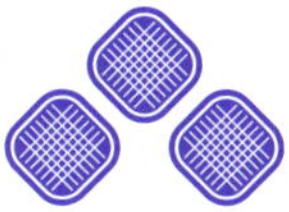
熱量 250 kcal	→	フライドチキン 1 個分のカロリー	

数字は伝える内容を具体化するうえで欠かせない。しかし、ただ数字を使おうとし過ぎると、むしろぼやけてしまうことも。そんなときは表現を変えよう！

6-16

スライドは必ず読み上げを行おう

「あれ」「それ」などの指示語は禁句

▼68％は7割？　注意したい数字の言い換え

スライドを使う際の基本は、書かれている文字はすべて読み上げることです。文字を指さし「これ」「あれ」と指示語をいうのはやめましょう。

というのは、会場から、スライド上の動きを追うのはけっこう大変だからです。下手をすれば、それだけで疲れて集中力を失ってしまいます。ですから、**プレゼンターは、文字を指すと同時に、きちんと読み上げましょう。スライドの文字は大きいので、読み上げれば、逆に聞き手は楽に見つけられます**。

このように、聞き手が負担なくスライドを理解するためにはどうすればいいのか、常に配慮することが必要です。ただし、数字の言い換えをするときには注意をしてください。たとえばスライドに68・9％と書いているのに、「7割」と言えば、聞き手は、どの数字を指しているのか混乱します。わかりやすく言い換えたつもりが裏目にでます。こうしたケースは、まず「68・9％」としっかり読み上げ、「つまり約7割」と言い換えましょう。

スライドは必ず読み上げを行おう

コレ、アレ……。指示代名詞は伝わらない

誰から見てコレなのか。どこから見たアレなのか。指示代名詞はプレゼンではもっとも理解されにくい言葉。使わないように意識を

6-17

絶対時間と相対時間を使おう

「2020年開催」と「今から4年後に開催」はどっちがピンとくる？

▼使い方次第で相手の行動パターンが変わる時間表現

時間には「絶対時間」と「相対時間」があることをご存知でしょうか？「絶対時間」は、「2020年7月24日」「14時46分」「平成元年」といった特定の時間を意味しています。それに対して「相対時間」は、「明日」「来週」「3年後」「近い将来」といったひとつの時点を起点にした時間です。「相対時間」で表した時間は、時間の経過とともに変わるのでプレゼンではあまり使われません。一般に「絶対時間」が表記されます。

しかし**「絶対時間」はイメージしにくいという欠点があります**。そこで、プレゼンをするときには、たとえば「オリンピックが開催される2020年、今から4年後ですね」といった具合に**補足的に相対時間も使いましょう**。プレゼンはぐっとわかりやすくなります。

一方、イベントなどの準備期間は「2017年7月まで」と言われるよりも、「もう1年を切っています」と言われたほうが焦るので、あわてて準備にとりかかるでしょう。このように相対時間をうまく使えば、より人を動かしやすくなります。

使い方次第で印象が変わる時間表現

絶対時間と相対時間を織り交ぜよう

絶対時間の例	相対時間の例
2016年７月25日	あと数ヵ月
８時10分	もう少しすると
明治13年	８年後
金曜日の８時	たった今
８月８日～19日	数年間

↓

あわせると――

「８年後の、明治１３年…」
「たった今、金曜日の８時から…」

相対時間を先に言ってから、絶対時間を伝えると「今と地続き」なことがなお強調される。池上彰氏がニュース解説でよく使うテクニックだ

6-18

言葉の修飾

プレゼンで伝えたいことを修飾する

▼聞き手の無意識に訴えるしゃれた修飾語を選ぶ

「みなさん」「銀座で働いている、みなさん」「銀座の買い物事情をよく知る、みなさん」「銀座で爆買いする中国人客の方々の現状をよくご存知の、みなさん」――。

同じ聞き手でも、どんな修飾語を使うかによって、「みなさん」のイメージは随分と変わります。修飾語を具体的にすればするほど、呼びかけられた聞き手は、プレゼンターがどんな狙いで自分たちに呼びかけているのか理解できます。言い換えれば、話を聞くスタンスがはっきりするわけです。

呼びかけにかぎらず、**プレゼンターは、積極的に修飾語を使いましょう**。

ただし、ここでも聞き手目線を忘れずに。前述の例では、「爆買いする中国人客の現状をよくご存知の」ではなく、「海外から訪れるお客様の事情にも明るい」などとしたほうが聞き手の無意識に訴えられるし、スマートにも聞こえます。最初は少し照れますが効果は抜群です。

無意識に訴えるしゃれた修飾語を選ぶ

名詞には必ず、修飾語をつけよう

例①

みなさんは

↓

お忙しいなか、ご来場いただいているみなさんは

↓

お忙しいなか、ご来場いただき、真剣に聞いているみなさんは

例②

こちらのバッグは

↓

こちらのすばらしいバッグは

↓

こちらの落ち着いたレザーの質感が素敵なバッグは

修飾語を使うときの注意

- 「もっと」「すごい」「とても」「たいへん」ばかり使うと、安易で稚拙に聞こえる
- 「実は」「本当は」「ここだけの話」の多用は、強調の意図を弱め、効果的ではない

6-19 言葉の連呼

覚えてもらいたい言葉を決めておこう

▼視覚に訴えるよりも、聴覚に訴えるほうが効果的。連呼しまくろう

わかりやすいスライドを作り、わかりやすく話をする。そして、聞き手に言いたいことが伝わり、自分が望む方向に動いてくれることがプレゼンの理想です。

しかし現実は甘くはありません。会場を出る頃には、残念ながら聞き手は、プレゼンターの話したことの大半を忘れていることが多いものです。ヘタをすれば、商品名やサービス名すら記憶の彼方に……。これでは、何のためにプレゼンをしたのかわかりません。

そこで**オススメするのは「連呼」**です。あまりスマートではありませんが、「ことば」は、視覚に訴えるよりも、聴覚に訴えるほうがはるかに記憶に残ります。もちろん、連呼といっても、聞き手にむかって同じ言葉を何回も続けて怒鳴るわけではありません。各スライドで一度ずつ、グラフを見て一度、聞き手の質問に答えるときに一度といった具合に「覚えてほしい言葉」を発する場所をたくさん用意しておくわけです。ただし、欲張りは禁物。確実に覚えてもらうために、連呼する言葉は、せいぜい3つくらいに絞りましょう。

覚えてほしい言葉をあらかじめ決めておく

覚えてほしい言葉・事柄は「連呼」で

例①

ペットブームです

↓

繰り返しになりますがペットブームです

↓

先ほど申し上げたようにペットブームですが……

例②

本日はわかりやすさに重点を置きます

↓

わかりやすくお届けしたいので……

↓

わかりやすくお伝えしたので、理解していただけたと思います

紙に残したり、画面に映すより、言葉を覚えてもらいたいときに使えるテクニックは「連呼」だ。上のようにさりげなく忍び込ませよう

6-20

体言止めを使ってみよう

きつく聞こえるので乱用に注意

▼使うべきときは、聞き手の注目を集めたい見せ場。力強く言うことがポイント

プレゼンの時間はどんなに短くても30分。大抵は1時間から1時間半は行うのではないでしょうか。これだけ続く話の中で、聞き手にどうやって強調したいポイントを示せばいいでしょうか。

非常に**効果的なのが体言止め**です。実際に比べてみましょう。

①「ＩＴがグローバル化の進展に拍車をかけました」
②「グローバル化の進展に拍車をかけたのがＩＴでした」
③「グローバル化の進展に拍車をかけたのがＩＴ」

どうですか？　①より倒置法を使った②、さらに体言止めを使った③のほうがインパクトがありますね。また「ＩＴが拍車をかけました。グローバル化に」と語順を入れ替えてもインパクトがでます。あらかじめ体言止めにする言葉を考えておくと効果的なプレゼンができます。ただし、時として押しつけがましく聞こえるので乱発はさけましょう。

体言止めを使ってみよう

強調したいときは体言止めを！

普通の語尾		体言止め
「いま、三重県は、インバウンドの観光地としてもっとも注目されている地域の一つです」	→	「インバウンドの観光地で、いまもっとも注目されている地、それが三重県」

普通の語尾		体言止め
「私たちには、まず少子高齢化という解決しなければいけない課題がある」	→	「私たちには、まず解決しなければいけない課題がある。それが少子高齢化」

繰り返しになるが、人間の記憶には「最後の言葉」こそ強く残る。そこで大事になるのが語尾。「体言止め」を使うと、とくに伝えたいワードが強調されるわけだ

6-21

質問と回答を使ってみよう

注目を集めて間髪いれずに伝えたい情報を差し込む

▼会話のキャッチボールで会場との一体感を醸し出す効果も

大切な情報が伝わる効果が高いうえに、誰でも比較的容易にできるポピュラーな手法が「自問自答」方式です。

「マーケットが侵食されているのに手をこまねいているしかないのでしょうか？」

「いいえ。それは違います」

といった具合ですね。聞き手が共通して不安に思うこと、もしくはビッグチャンスだと思うようなことをネタにした質問をするわけです。聞き手にとって関心が高いネタだから、たとえうとうとしていても、眠気が一挙に吹き飛び、受講モードに入るわけです。

ですから、**自答で話した内容は、聞き手の頭にスッと入っていく**わけです。また、聞き手と会話をしているようにも見えるので、会場内の一体感も盛り上がります。話の出だしなどに使うのも効果的。だれた雰囲気の立て直しにも使えるので、常にいくつかネタを用意しておきましょう。

質問と回答を使ってみよう

会場全体がひとつになる「自問自答」

自ら
クエスチョンを
掲げて

→

すぐさま
答える

会話のキャッチボールをしているような
一体感が自然と生み出せる！

たとえば——

「私たちは、ただ立ちすくむしかないのでしょうか？
答えはノーです！」
「どうしてそのような悲劇が起きたのでしょうか？
実は、当時の時代背景に答えがありました」
「この店で、最も辛い食べ物が何かわかりますか？
そう。このレッド・ホットカレーです」

質問を投げかけておくことで注目させて、間髪入れずに伝えたい情報をアンサーとして答える。その小気味よさもまた記憶に残るわけだ

6-22

スライドの間に「ブリッジ」を入れよう

次のスライドが表示される前にそのフリをはじめる

▼スライドの切り替えをスムーズに見せる

スライドの順序には、必ず意味があるはずです。しかし、スライドが切り替えられるたびに、違う話題になってしまうことがよくあります。もしくは、そのスライドが表示される度に（そのスライドの話題に移ってから）、「はい、こちらは……を説明しています」と新たなスライドの説明だけに終始する人もいます。

これではスライドとスライドの連続性がなく、聞いていても「この人はスライドを読み上げているだけだ」と感じてしまうのです。そうならないためにも、**次のスライドに移る前に（次のスライドが投影される前に）、そのスライドのフリを入れて話をスムーズにつなげておくとよい**でしょう。

その際に接続詞や「質問と回答」などのテクニックを組み合わせるとより効果が大きくなります。左の例では、スライド①の時点で、スライド②に移る前にどうしてスライド②の話題になるのかをさりげなく話します。

スライドの間にブリッジを入れる

例）交通事故の統計

スライド①

スライド①を話し終える、スライド②に向かう前に、スライド②の話題につながるようなトークをすることで、話が分断されないまたスライド②が表示されるのも見ている人にとってはスムーズにつながる

ブリッジの例）
では、どういう理由でこれらの事故が起きているのかを探りましょう

例）事故原因の分析

スライド②

このために次のスライドを覚えておく、あるいは手元に印刷しておく、もしくはPowerPoint の 発 表 者ツールを使うなどの工夫をする

慣れてくるとスライド全体がスムーズな物語のように進行しているように聞こえる

コラム

暗示効果を利用しよう

「今日は、非常にわかりやすくテクニックを披露してきました」「今、すぐ活用できるやさしいテクニックを中心に紹介してきました」「みなさん十分に理解できたと思いますので、ぜひ、今後にご活用ください」……。

人間は不思議なもので、プレゼンの最後に、このように言われると、なんとなく理解できたような気持ちになってくるものです。「確かにわかりやすかった。自分もプレゼンでさっそく応用してみよう」などと、前向きな気持ちになってきます。

これが暗示効果というものです。聞き手に暗示をかけるなんてズルイのではないかと考える人もいるかもしれません。しかし、実は、相当プレゼンが上手にならないと、聞き手に向かって、「わかりやすかったでしょ？」などと図々しいことは言えないし、聞き手も暗示にかかりません。つまり、暗示効果を利用するためには、相当、プレゼンの腕前をあげる必要があるわけです。

プレゼンの腕前をあげ、暗示効果を使えるようになってください。

第7章

まとめに役立つ
プレゼンテクニック

7-01

質疑応答のテクニック

聞き手を動かす大チャンスの時間

▼質疑応答がプレゼンの補足だと思ったら大間違い

プレゼンでもっとも大切な時間は「質疑応答」だといっても過言ではありません。ただ ここでいう質疑応答はプレゼンで聞き手が理解できなかったことを質問する場ではありません。そんな質問が出てくるプレゼンターは、プレゼン自体を見直したほうがいいでしょう。そうではなく、**質疑応答は「聞き手を動かす最大のチャンス」**として活かしましょう。

たとえば「（プレゼンした）アプリを導入したいので、1ユーザーあたりのライセンス料を教えてほしい」という質問がきたとき。もちろんこちらは値段を知っていますが、そこで価格を言ったら、聞き手との関係性はそこで終わります。ですから「こちらのアプリは従業員数や利用形態で価格が変わります。ですので、従業員数と利用をはじめたい時期だけでも私あてにメールでご連絡いただけますか？」と答えるのです。これで、聞き手を「動かす」契機を得たことになります。コツはそれでいてプレゼン終了後に自分からメールを出しておくのです。すると関係性がぐっと縮まる。質疑応答はチャンスなのです。

質疑応答は聞き手を動かす大チャンスの時間

質問を受けたとき、覚えておきたい「返し」のテクニック

◎ 質問に対する「良い返し」

- 「そういうお考えになるはずなのです」
- 「まさにそれをこれからお伝えしようと思っていたのです」
- 「本当ですか？」
- 「そんなことがあるんですね！」

△ 質問に対する「あまりよくない返し」

- 「よくいただく質問です」
  （よくいただくのか…と少しがっかりされる）
- 「それってウソでしょ！」（否定）
- 「そんなことはないでしょう」（否定）

ポイントは、否定的な言葉を返さないこと。また答えはこちらが知っているということを自信たっぷりに示すこと。実のところ知らなくても、「では、直接私にメールを送っていただけますか？」と伝え、行動につなげよう

7-02

正しいアンケートの受けとめ方

プラス評価を増やすよりもマイナス評価を減らそう

▼ビジネスプレゼンの評価は減点主義

ビジネスプレゼンに限らず、講演会やコンサートなど、イベント終了後にはアンケート調査が実施されるものです。アンケートはプレゼンのいわば成績表。できればいい成績を修めたいものですが、どうすればいい評価を得られるのでしょうか。

まず、プレゼン後のアンケートにおいて覚えておきたいのは、会社に言われて仕方なく来た人の比率が高いので「減点主義」の傾向が強いということです。このような、ある意味**無関心な聞き手から「よかった」「大変よかった」の評価を獲得するのは至難の業。それよりも「よくなかった」「あまりよくなかった」を減らすほうが確実です**。

そのため、まず「よくなかった」とマイナス評価をした人たちのコメントに注目しましょう。「『えー』『あー』ばかり言っている」「動きに落ち着きがない」といった本人の癖に対する指摘から「冷房の効きが弱い」「マイクの音が小さすぎる」といった会場の問題まで評価に影響します。それをひとつひとつつぶしていくだけで評価はぐんとあがります。

正しいアンケートの受けとめ方

カイゼンのチャンスになるアンケートのマイナス評価

- 口癖
- せわしない体の動き
- 聞きづらい声
- 部屋が暑い
- 椅子がぼろい

など

対策

↓

- 自分の癖を直す
- セッティングを念入りにする
- 大きくはっきりした声で話す、など

プレゼンの技術を最短で高めるには、アンケートのマイナス評価をつぶしていくこと。もちろん長期的にはプラス評価を高める努力も続けよう

7-03
スライドショーで使えるショートカット集
Bキーを押すとどうなるか知っていますか？

▼パワーポイントを使いこなそう

プレゼンにおけるスライドショーでも、ちょっとした工夫をすると、心に響くプレゼンを演出できます。そこで覚えておきたいのは、**パワーポイントのショートカットキー**。たとえばパワーポイントでスライドショーを表示しているとき、「B」キーを押すとどうなるか、ご存知でしょうか？　実は画面が真っ暗になります。「B」は「ブラックアウト(Blackout／暗転)」の意味なのです。使い方はたとえばこう。スライドで聞き手の人々がかかえた課題を伝えます。そして「その課題を解決できる答えがココにあるのです！」と言うや「B」を押す！　突然、画面は真っ暗になります。すると、それまでスライドを見ていた聞き手の人々はどこに目を向けるか……といえば、登壇者です。このタイミングで、登壇者が、新製品のサンプルを手に持っていたら、イヤでも目に入ります。つまり「B」キーは、スライドから目を離し、自然と登壇者に目を向けさせるための仕掛けなのです。便利なショートカットキーを覚えて、スライドに磨きをかけてください。

スライドショーで使えるショートカット集

ショートカットキー	説明
F1	スライドショー中に使える ショートカットを一覧表示する
N or Enter or PageDown or → or ↓ or Space	次のスライドに進む
P or PageUp or ← or ↑ or BackSpace	前のスライドに戻る
数字キー＋Enter	指定した番号のスライドに移動する
Esc or Ctrl＋Break or -	スライドショーを終了する
B or .	画面を真っ暗にする（暗転）
W or ,	画面を真っ白にする（明転）
Ctrl ＋P	ポインタをpenに変える
Ctrl ＋A	ポインタを矢印に変える
Ctrl ＋E	ポインタを消しゴムに変える
E	penの書き込みを全削除する

意外と知られていないパワーポイントのスライドショー中に使えるショートカットキー。覚えておくと差のつくプレゼンができる

7-04

デモンストレーションで役に立つツール

マジカル・ペンシルとZoom It

▼デモで使える二つのアプリ

プレゼンにおいて、自社製品やサービスのデモンストレーションをすることも多いはずです。あくまでパソコンの画面上でデモができる製品やサービスに限った話ですが、スムーズかつスマートなデモができる、いくつかのオススメのツールがあります。

一つが「マジカル・ペンシル」。これはパソコンの画面上に手書きの蛍光マーカーのような線が引けるアプリケーションです。デモのとき、「このアイコンをクリックしてください」「右から2番めの画像をご覧ください」などと言いながら、マウスポインタで聞き手の視線を誘導することもできますが、わかりづらいし、せわしないですね。しかし「マジカル・ペンシル」なら画面にスーッと蛍光マーカーを引けるので、スムーズに聞き手の視線を向けたい場所に引きつけられるわけです。

もうひとつのオススメは「Zoom It」というアプリ。これはデスクトップをホットキーで拡大して、注目してほしい場所をぐっと画面いっぱいに広げられる便利なツールです。

デモンストレーションで役に立つツール

デモンストレーションに使える２大ツール

「マジカル・ペンシル」

マウスでなぞるだけで、デスクトップ上に蛍光マーカーを引ける PC 上のデモに最適なツール。フリーウェアで手に入る

「Zoom It」

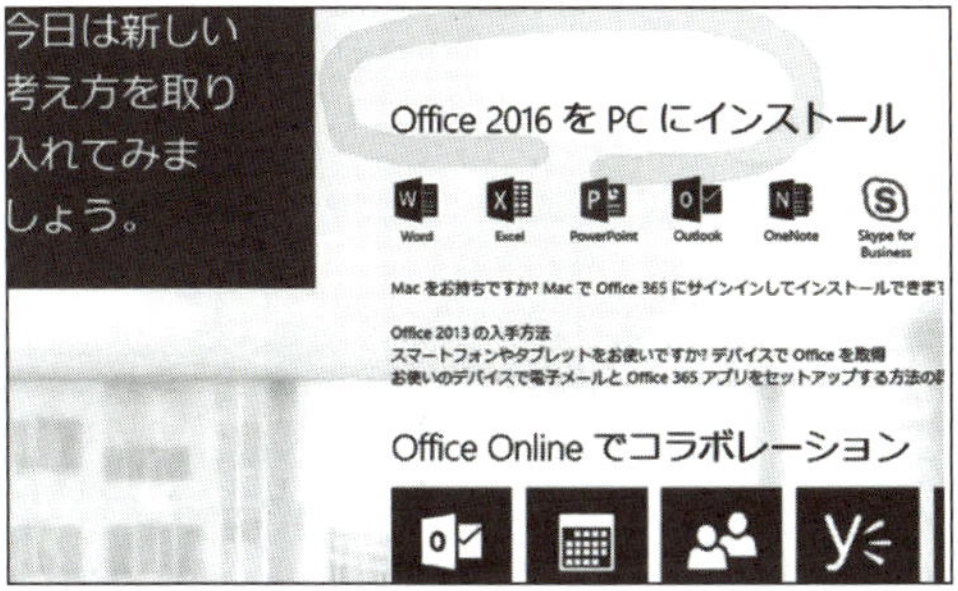

画面の一部を拡大したり、拡大した画面を動かしたりできるツール。こちらもフリーウェアだ

「マジカル・ペンシル」で大事なところを囲み、さらに「Zoom It」でズームアップ詳細説明、という流れで巧みなデモンストレーションになる

7-05

ファイルサイズを圧縮するか、しないか？

スライドデータを人に渡すとき

▼相手の用途を確認して選択を

プレゼンが終わったあと、使ったスライドのデータを主催者側が「ほしい」と言ってくることがあります。著作権などに問題がなければ、有効活用してもらえるチャンスなので積極的に渡すのがいいでしょう。

ただし、このときに「用途」を確認してから渡したいものです。たとえば、**紙媒体に転載する場合やウェブにアップしたい場合では、最適なファイルサイズが変わってくる**からです。「なるべく軽いサイズでいい」と相手が言っているならば、ファイルは圧縮して渡すのがいいでしょう。スライドデータの中で重いのは画像なので、これを圧縮します。具体的には、パワーポイントの「ファイル」から「保存」を開き、「ツール」の中の「画像の圧縮」を選びます。圧縮オプションと解像度の選択が出てくるので、受け手の要望にあったファイルサイズで渡すのがいいでしょう。もっとも最近は、ファイルを圧縮せずにクラウド経由で渡すのがトレンドです。こちらも相手次第。確認しましょう。

ファイルサイズの圧縮

保存時のファイル圧縮法

①「ファイル」を選ぶ
②「保存」を選択
③「ツール」の中の「画像の圧縮」を選ぶ
④ 相手の用途にあわせて圧縮！

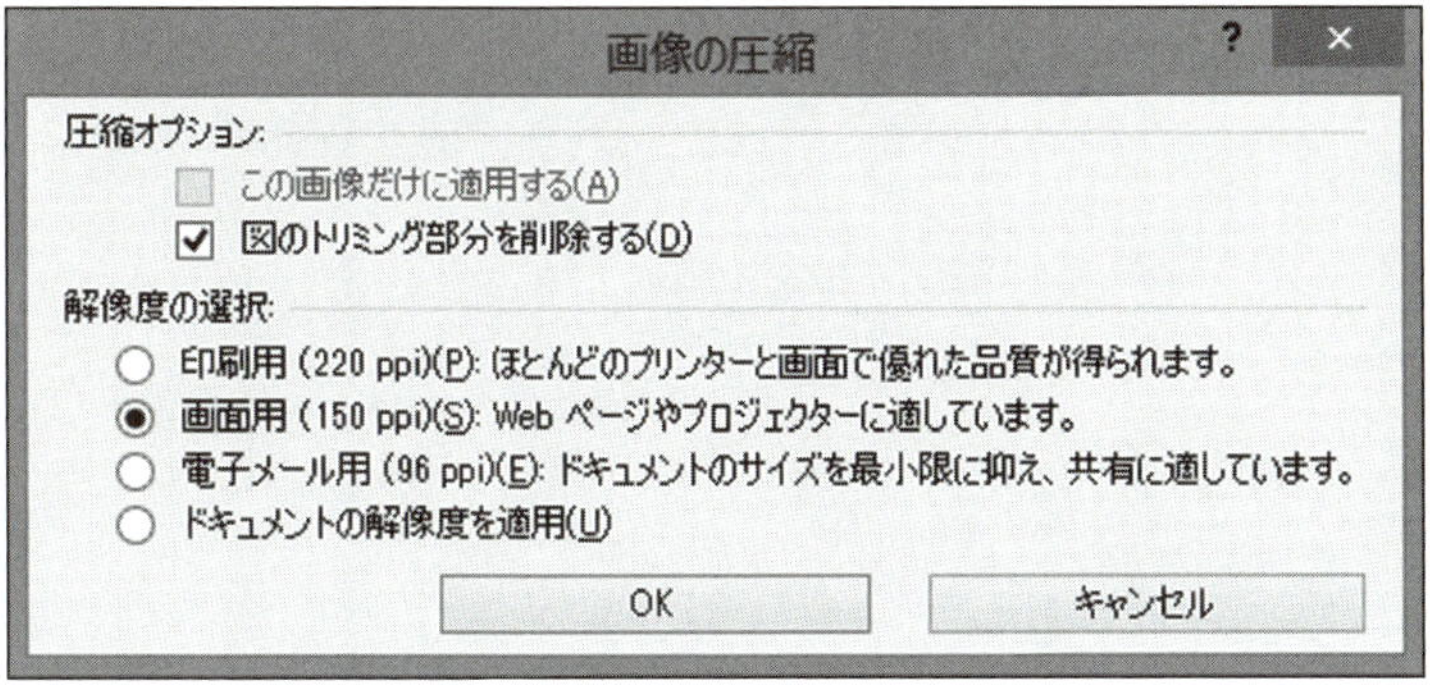

最近はクラウド経由で相手に渡すことが多くなっている。その場合は、データを圧縮せずそのまま渡せば、相手側で加工できるので便利だ

7-06

印刷時のヒント

できる限り高画質で

▼図版もフォントも見栄えが違う

　前述したように、プレゼンの前に、スライドシート全体をプリントアウトして配ることはオススメできません。

　なぜか？　それは手元に資料があると、聞き手はそちらにばかり目を向けてしまい、肝心のプレゼンテーションに目や耳を傾けてくれなくなるからです。

　もっとも私の場合、プレゼン終了後には、オンラインストレージを使い、誰しもＰＤＦ化したスライドデータをダウンロードできるように公開しています。

　それでも、「印刷したものがほしい」という人がいるときがあります。たとえば、企業のトップなどへのプレゼンのときは印刷物を求められることもあります。

　そんなときは、できる限り「高画質」で印刷するようにしましょう。スライドに使った影や光彩、ぼかし、フォントのエッジなどがまったく変わってくるからです。多少の手間はありますが、こうした少しの心遣いを怠ることが、プレゼンの甘さにつながるのです。

印刷時のヒント

大切な資料の印刷は「高画質」で

パワーポイントのスライドシートを印刷するとき、大事な資料を大事な相手に渡すならば、「高品質」を選び「1スライドずつ」の印刷を選びたい。あるいは「全体が見える程度でいい」といった要望があれば、2スライドずつ、3スライドずつなどを適宜選ぼう

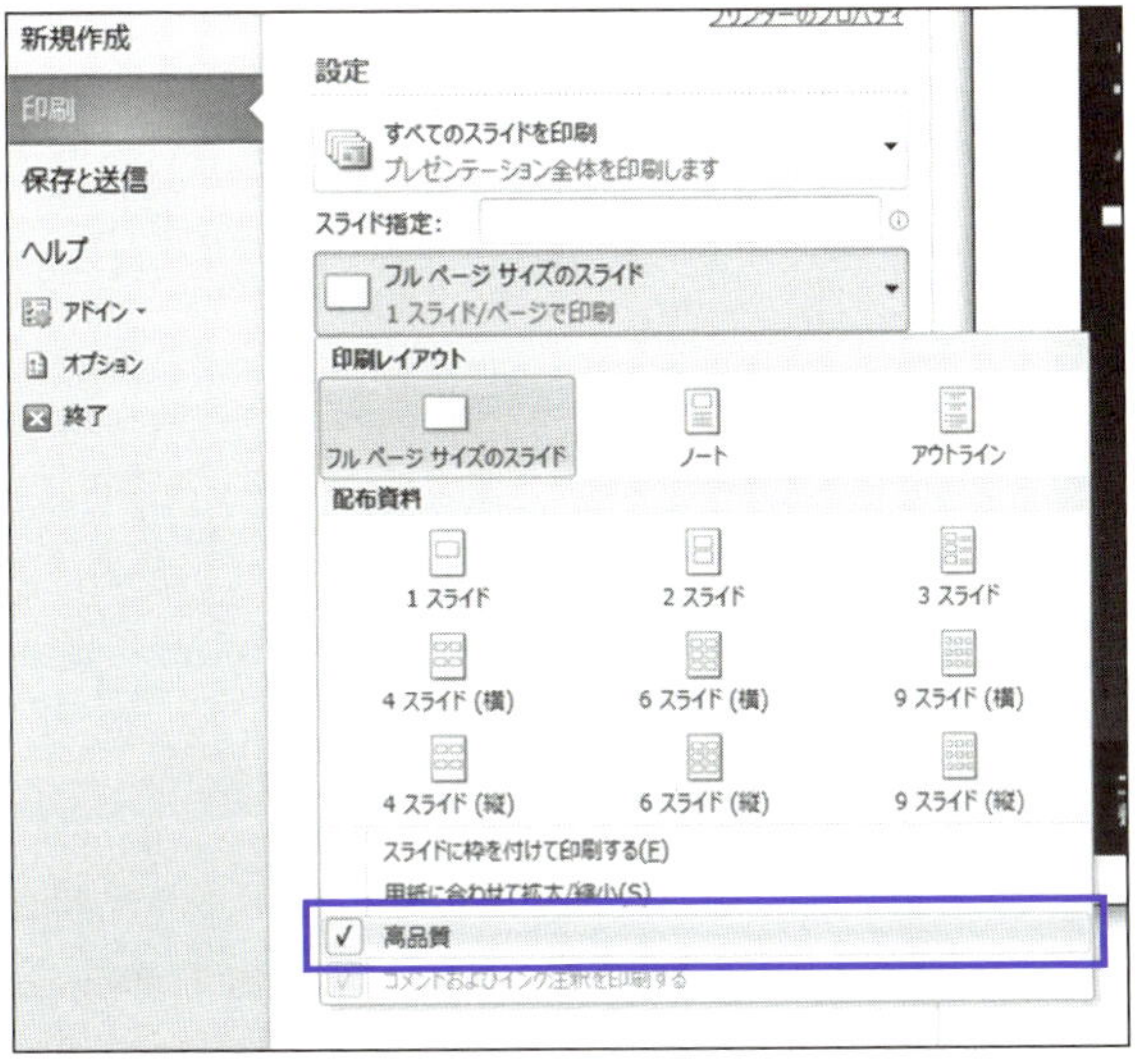

おわりに

本書にも書かれていますが、プレゼンの本来の目的は「相手を動かす」ことです。ビジネスシーンでは、お客様を動かすこと、お客様に納得いただきお買い求めいただくこと。日々のプレゼンの多くは、そのために行われているといってもいいでしょう。

振り返ってみると、赤ちゃんだった幼いころは、一所懸命に身振り手振りを使って笑顔を振りまき、目の前の親を動かそうとしたものです。時には涙を流して親を動かしました。大泣きしている赤ちゃんを無視することはできません。ほほえむ赤ちゃんには多くの大人がほほえみ返しをするのです。

さらに、子供のころは泣きじゃくって飛び跳ねて駄々をこねて自分の意見を主張し、相手を動かそうとしたものです。これは学んだからできることではなく、私たちがはじめから持ち合わせている表現力なのです。ところが年を重ねてくると、言葉や道具を手に入れ、それらだけで相手に伝えようとします。

そのため、同じ言葉を使った表現が目立ち、道具を上手に使うことだけを目的としたプレゼンが、横並びになっているように感じてなりません。結果、道具を上手に使うためのテクニック本があふれているのです。道具を上手に使えなくても情熱いっぱいに伝える、あの子供のころの気持ちを持ってみてはいかがでしょうか?

プレゼンには「情熱」と「愛情」が必要です。

子供のころに駄々をこねた理由は、「どうしても欲しい、欲しくてたまらない」という情熱があったからなのです。そして、好きなものを語るときには夢中になり手も足も活発に動き、言葉につまることなく次々と巧みな愛情表現があふれるのです。

仕事ではどうでしょうか? あなたが目の前にしているプレゼン資料に書かれている内容に情熱や愛情が込められていますか? 実際は難しいですよね? でも、私は仕事に愛情や情熱を込める努力をしてください、とお願いをしています。理由は、それがプレゼン成功への一番の近道だからなのです。情熱や愛情が込められた話は相手を共感させ、情熱や愛情が伝わった瞬間に相手が動いてくれるのです。

プレゼンの成功の秘訣は「情熱」と「愛情」、そして相手を動かす様々な「テクニック」です。これらが組み合わされることによって目的を達成することができるのです。

あらためて、プレゼンの目的を「相手を動かす」としたときに、その目的を達成する教科書として本書がお役に立てれば幸いです。

索引

【は】

【ま】

【や】

【ら】

参考文献一覧

『プレゼンは「目線」で決まる――No.1プレゼン講師の人を動かす全77メソッド』（西脇資哲／ダイヤモンド社）
『新エバンジェリスト養成講座』（西脇資哲／翔泳社）
『これだけは知っておきたい「プレゼンテーション」の基本と常識』（若林郁代／フォレスト出版）

西脇資哲（にしわき・もとあき）

岐阜県出身。日本マイクロソフト株式会社、エバンジェリスト・業務執行役員。1990年代から企業システム、データベース、Java、インターネットのビジネスに関与し、1996年から約13年間オラクルにてエバンジェリストとして従事。その後、2009年にマイクロソフトにてエバンジェリスト活動を継続。2012年9月には日本経済新聞でも紹介されたIT「伝道師」としても有名。2013年には日経BP社から"世界を元気にする100人"にも選出。著書に『エバンジェリストの仕事術』(日本実業出版社)、『プレゼンは「目線」で決まる』（ダイヤモンド社）ほか多数。

カデナクリエイト

ビジネス全般、働き方、ライフスタイルなどを得意とする編集プロダクション。現在『週刊東洋経済』(東洋経済新報社)、『月刊BIGtomorrow』(青春出版社)、『THE21』(PHP研究所)、『DiscoverJapan』(エイ出版社)などで執筆中。著書に『「イベント」で繁盛店！』(同文館出版)、『図解＆事例で学ぶビジネスモデルの教科書』『図解＆事例で学ぶイノベーションの教科書』『図解＆事例で学ぶ入社1年目の教科書』(共にマイナビ出版)など。

図解＆事例で学ぶ
プレゼンの教科書

2016年7月31日　初版第1刷発行

著　者　西脇資哲＋カデナクリエイト
発行者　滝口直樹
発行所　株式会社マイナビ出版
〒101-0003 東京都千代田区一ツ橋2-6-3 一ツ橋ビル 2F
TEL 0480-38-6872（注文専用ダイヤル）
TEL 03-3556-2731（販売部）
TEL 03-3556-2733（編集部）
Email：pc-books@mynavi.jp
URL：http://book.mynavi.jp

装丁　ISSHIKI
本文デザイン＆DTP　ISSHIKI
印刷・製本　図書印刷株式会社

ISBN978-4-8399-5650-9
Printed in Japan